KAWADE
夢文庫

関西の鉄道 関東の鉄道
その違いに驚かされる本

博学こだわり倶楽部[編]

河出書房新社

〝鉄ちゃん〟も知らない新鮮な驚きが満載の本！●まえがき

ご存じのとおり、関西と関東では大きな「違い」が存在する。人の気風から言葉、生活習慣、食の好みまで、ありとあらゆる分野に東西差がある。それは、鉄道でも同じ。同じ日本でも「関西の鉄道」と「関東の鉄道」は大きく異《こと》なっているのだ。

たとえば、路線名のネーミング。関東では東急電鉄の「東横《とうよこ》線（東京―横浜）」やJR「京葉《けいよう》線（東京―千葉）」など、路線の始点と終点を一字ずつとって名づけることが多いが、関西は阪急「京都本線」、近鉄「奈良線」など行き先を示す名前が多い。

本書は、こうした「鉄道の東西差」を徹底的に比較した。すると、スピードNo.1はどちらを走る列車か、ラッシュ時の混み具合は、禁煙化が進んでいるのは……など、マニアでも気づかなかった意外な事実と、おもしろいウラ事情が見えてきたのである。その大きな違いには、ふだん何気なく鉄道を利用している方も、おおいに驚かされることだろう。

なお、本書では近畿《きんき》地方を「関西」、関東地方を「関東」とし、路線についても、関西発の列車は「関西」、関東発の列車は「関東」といった具合に分けている。あらかじめご了解いただきたい。

博学こだわり倶楽部

関西の鉄道　関東の鉄道　その違いに驚かされる本／もくじ

①東西の鉄道ガチンコ10番勝負！

②ホンマかいな?! 驚きのルールの違いとウラ事情！

③ 似てるようで大違い！車両のヒミツ、教えます。

④ 西も東もバラエティ豊か！めっちゃオモロい路線たち

5 なんで、こんなに差が?! 加速する東西サービス合戦!

⑥ 駅のこの違いは、まるで〝異国〟!! ド肝抜かれるわ〜！

⑦ 鉄道おもしろ秘話！西と東、第一号はどっち？

車両の形式を当ててみよう！

各項目の見出しには、その項目の内容にかかわりの深い車両のマークが入っています。読みながらぜひ、その車両の形式を当ててみて下さい（答えは220ページ）。より、本書が楽しめるでしょう。

カバー写真●amanaimages
●SHIGEKI KAWAKITA/SEBUN PHOTO
/amanaimages
●GYRO PHOTOGRAPHY/SEBUN PHOTO
/amanaimages
本文イラスト●写真素材ポラリス
●瀬川尚志／谷崎　圭／小野たかし
車両マーク●tugukoma
図版作成●新井トレス研究所
協力●ロム・インターナショナル

※本書の鉄道情報は、２０１０年11月現在のものです

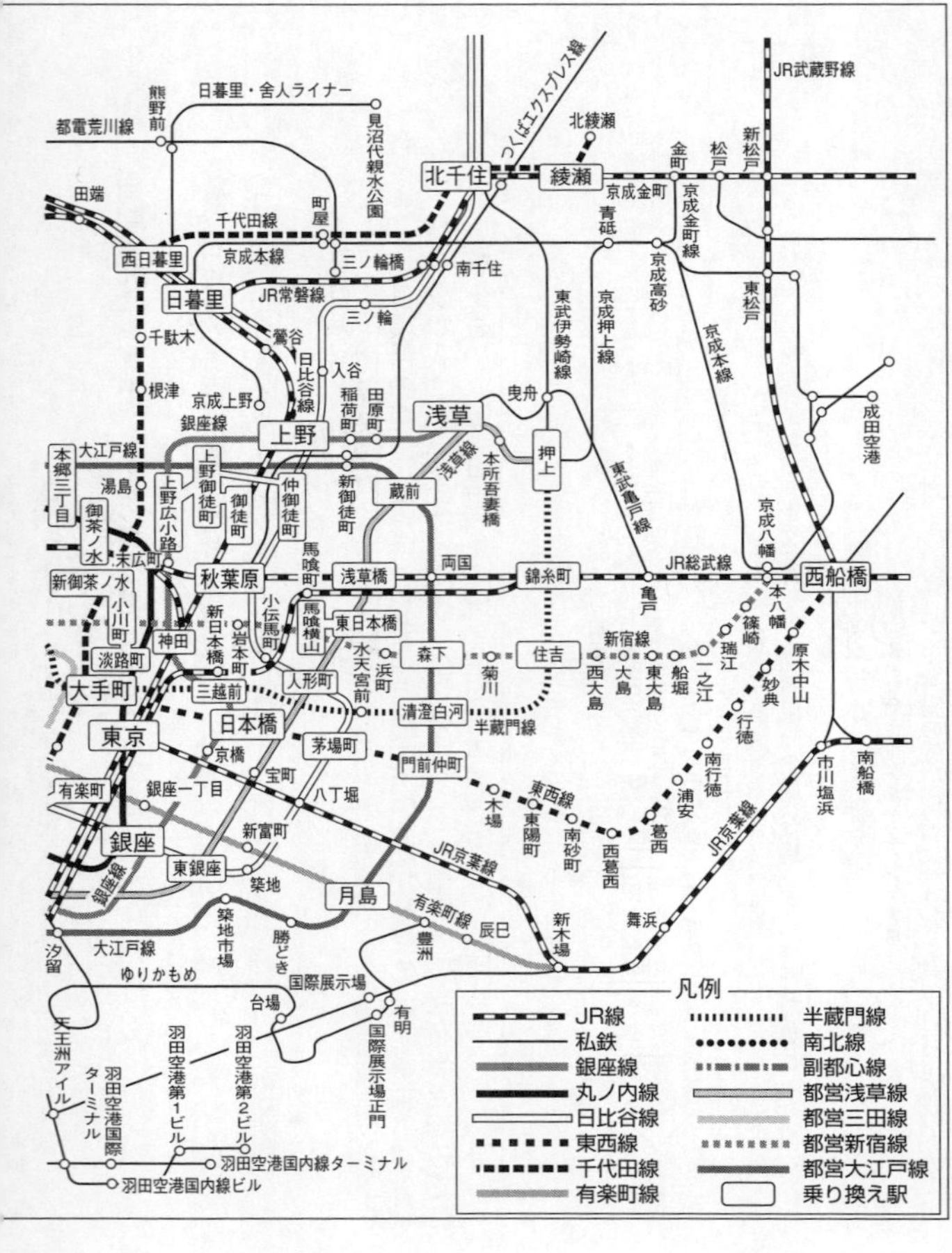

日暮里・舎人ライナー
熊野前
都電荒川線
見沼代親水公園
つくばエクスプレス線
北綾瀬
JR武蔵野線
新松戸
松戸
金町
北千住
綾瀬
京成金町
田端
町屋
千代田線
青砥
京成金町線
西日暮里
京成本線
三ノ輪橋
南千住
京成高砂
東松戸
日暮里
JR常磐線
三ノ輪
東武伊勢崎線
京成押上線
京成本線
鶯谷
千駄木
日比谷線
入谷
根津
京成上野
稲荷町
田原町
曳舟
成田空港
銀座線
浅草
上野
本郷三丁目
大江戸線
上野御徒町
浅草線
本所吾妻橋
押上
湯島
上野広小路
御徒町
仲御徒町
新御徒町
蔵前
東武亀戸線
御茶ノ水
京成八幡
末広町
馬喰町
両国
JR総武線
新御茶ノ水
秋葉原
浅草橋
錦糸町
西船橋
小川町
新日本橋
小伝馬町
馬喰横山
東日本橋
亀戸
本八幡
篠崎
岩本町
新宿線
瑞江
原木中山
淡路町
神田
水天宮前
浜町
森下
菊川
住吉
西大島
大島
東大島
船堀
一之江
大手町
三越前
人形町
妙典
清澄白河
半蔵門線
行徳
東京
日本橋
茅場町
京橋
門前仲町
市川塩浜
南船橋
宝町
南行徳
有楽町
銀座一丁目
八丁堀
東西線
木場
東陽町
南砂町
浦安
西葛西
葛西
銀座
新富町
JR京葉線
JR京葉線
東銀座
築地
銀座線
月島
有楽町線
辰巳
舞浜
新木場
汐留
大江戸線
築地市場
勝どき
豊洲
ゆりかもめ
国際展示場
台場
有明
国際展示場正門
天王洲アイル
羽田空港国際ターミナル
羽田空港第1ビル
羽田空港第2ビル
羽田空港国内線ターミナル
羽田空港国内線ビル
凡例
JR線
私鉄
銀座線
丸ノ内線
日比谷線
東西線
千代田線
有楽町線
半蔵門線
南北線
副都心線
都営浅草線
都営三田線
都営新宿線
都営大江戸線
乗り換え駅

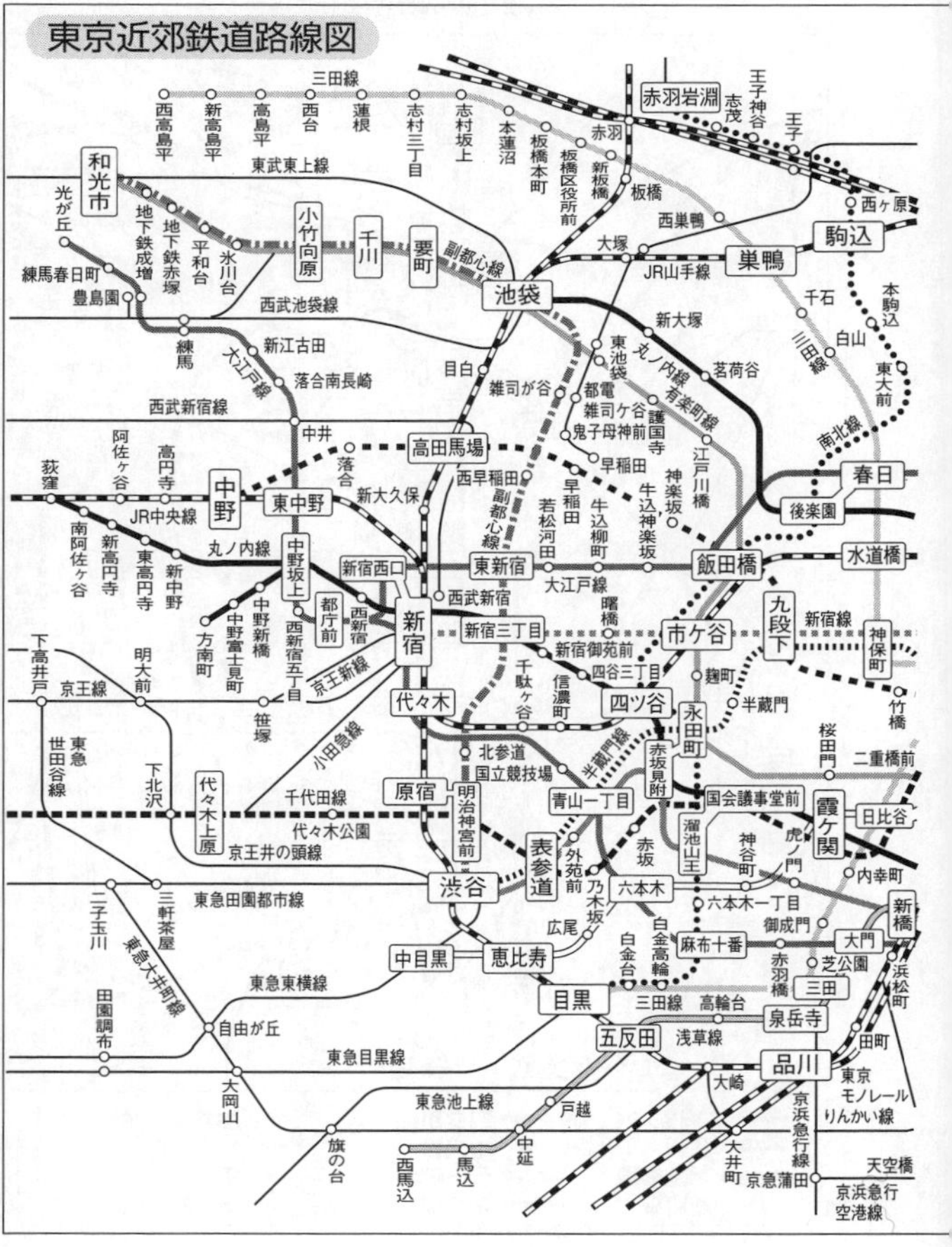
東京近郊鉄道路線図
三田線
西高島平
新高島平
高島平
西台
蓮根
志村三丁目
志村坂上
本蓮沼
板橋本町
板橋区役所前
新板橋
赤羽
赤羽岩淵
志茂
王子神谷
王子
板橋
西ヶ原
西巣鴨
駒込
巣鴨
大塚
JR山手線
東武東上線
和光市
光が丘
地下鉄成増
地下鉄赤塚
平和台
氷川台
小竹向原
千川
要町
副都心線
池袋
練馬春日町
豊島園
西武池袋線
練馬
新江古田
大江戸線
落合南長崎
目白
新大塚
千石
本駒込
東池袋
丸ノ内線
茗荷谷
白山
三田線
東大前
雑司が谷
都電雑司ケ谷
護国寺
有楽町線
鬼子母神前
早稲田
江戸川橋
南北線
西武新宿線
中井
落合
高田馬場
西早稲田
副都心線
早稲田
若松河田
牛込柳町
牛込神楽坂
神楽坂
春日
後楽園
荻窪
阿佐ヶ谷
高円寺
中野
東中野
新大久保
JR中央線
南阿佐ケ谷
新高円寺
東高円寺
新中野
丸ノ内線
中野坂上
新宿西口
東新宿
大江戸線
飯田橋
水道橋
九段下
新宿線
神保町
竹橋
方南町
中野富士見町
中野新橋
西新宿五丁目
都庁前
西新宿
新宿
西武新宿
曙橋
新宿三丁目
市ケ谷
新宿御苑前
四谷三丁目
麹町
半蔵門
京王新線
下高井戸
明大前
京王線
笹塚
代々木
千駄ヶ谷
信濃町
四ツ谷
永田町
桜田門
二重橋前
東急世田谷線
下北沢
小田急線
北参道
国立競技場
半蔵門線
赤坂見附
原宿
明治神宮前
青山一丁目
国会議事堂前
霞ケ関
日比谷
千代田線
代々木上原
代々木公園
京王井の頭線
表参道
外苑前
赤坂
溜池山王
神谷町
虎ノ門
内幸町
渋谷
乃木坂
六本木
六本木一丁目
新橋
二子玉川
三軒茶屋
東急田園都市線
東急大井町線
広尾
白金台
白金高輪
御成門
麻布十番
大門
中目黒
恵比寿
赤羽橋
芝公園
浜松町
三田
東急東横線
目黒
三田線
高輪台
泉岳寺
田園調布
自由が丘
五反田
浅草線
田町
東急目黒線
大崎
品川
大岡山
東急池上線
戸越
東京モノレール
りんかい線
京浜急行線
旗の台
西馬込
馬込
中延
大井町
京急蒲田
天空橋
京浜急行空港線

大阪近郊鉄道路線図

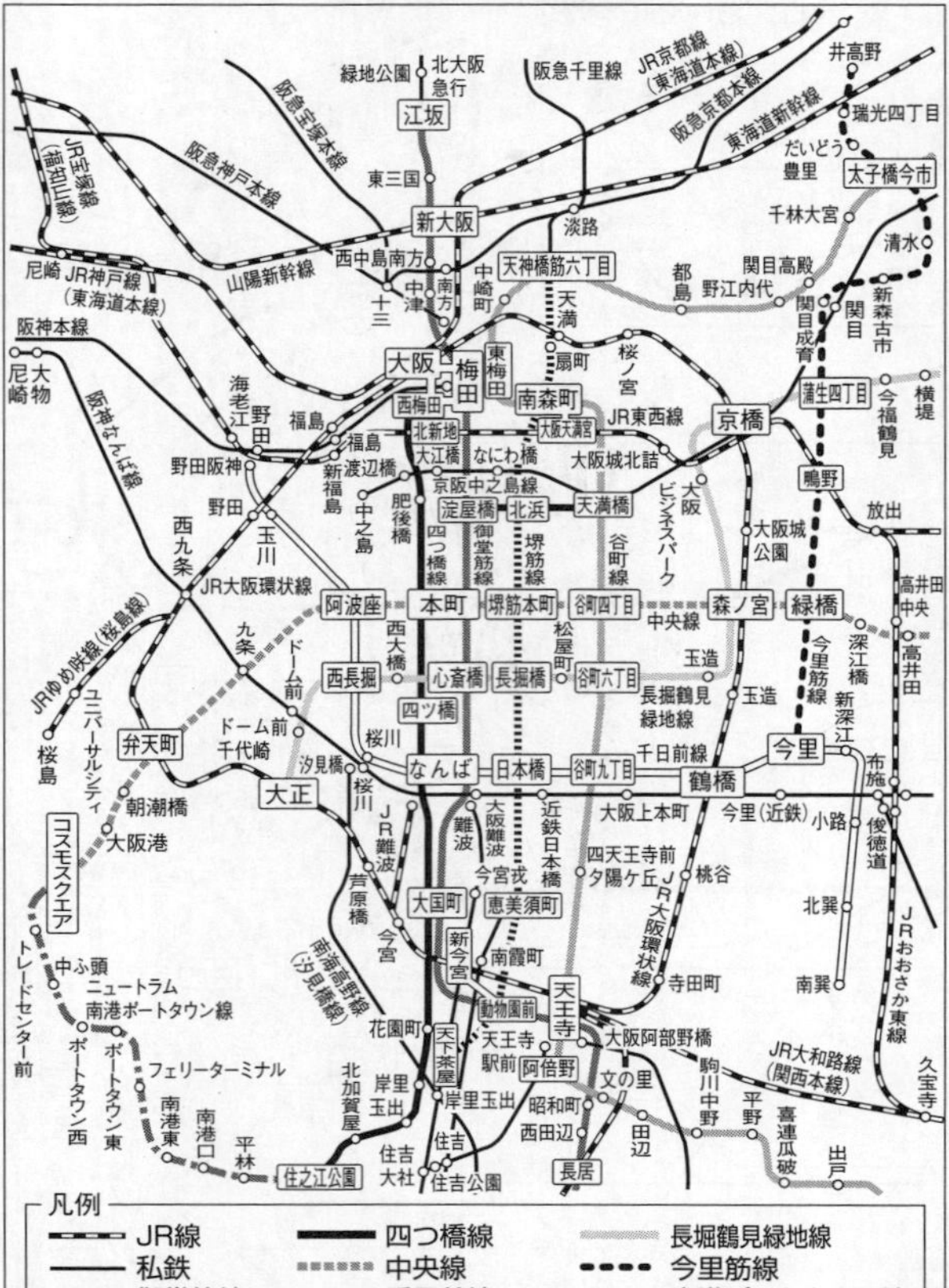
緑地公園
北大阪急行
江坂
阪急千里線
JR京都線（東海道本線）
井高野
阪急宝塚本線
阪急京都本線
東海道新幹線
瑞光四丁目
だいどう豊里
太子橋今市
JR宝塚線（福知山線）
阪急神戸本線
東三国
新大阪
淡路
千林大宮
清水
西中島南方
山陽新幹線
天神橋筋六丁目
関目高殿
尼崎
JR神戸線（東海道本線）
十三
中津
南方
中崎町
都島
野江内代
関目成育
関目
新森古市
天満
阪神本線
扇町
桜ノ宮
尼崎
大物
大阪
梅田
東梅田
海老江
野田
西梅田
南森町
蒲生四丁目
今福鶴見
横堤
福島
JR東西線
京橋
北新地
大阪天満宮
福島
大江橋
なにわ橋
大阪城北詰
阪神なんば線
野田阪神
新福島
渡辺橋
京阪中之島線
鴫野
中之島
肥後橋
淀屋橋
北浜
天満橋
大阪ビジネスパーク
放出
野田
玉川
四つ橋線
御堂筋線
堺筋線
谷町線
大阪城公園
西九条
JR大阪環状線
阿波座
本町
堺筋本町
谷町四丁目
森ノ宮
緑橋
高井田中央
中央線
JRゆめ咲線（桜島線）
九条
西大橋
松屋町
深江橋
高井田
ドーム前
西長堀
心斎橋
長堀橋
谷町六丁目
玉造
今里筋線
ユニバーサルシティ
玉造
長堀鶴見緑地線
四ツ橋
新深江
ドーム前千代崎
桜島
弁天町
桜川
千日前線
今里
汐見橋
なんば
日本橋
谷町九丁目
鶴橋
布施
大正
桜川
大阪上本町
今里（近鉄）
小路
俊徳道
朝潮橋
JR難波
難波
大阪難波
近鉄日本橋
大阪港
コスモスクエア
四天王寺前夕陽ケ丘
桃谷
今宮戎
芦原橋
大国町
恵美須町
北巽
JRおおさか東線
トレードセンター前
今宮
南海高野線（汐見橋線）
新今宮
南霞町
JR大阪環状線
中ふ頭
ニュートラム
南港ポートタウン線
寺田町
南巽
動物園前
天王寺
花園町
天下茶屋
天王寺駅前
大阪阿部野橋
ポートタウン西
ポートタウン東
フェリーターミナル
阿倍野
駒川中野
JR大和路線（関西本線）
北加賀屋
岸里玉出
文の里
久宝寺
南港東
南港口
昭和町
平野
平林
住吉
西田辺
田辺
喜連瓜破
出戸
住之江公園
住吉大社
住吉公園
長居
凡例
JR線
私鉄
御堂筋線
谷町線
四つ橋線
中央線
千日前線
堺筋線
長堀鶴見緑地線
今里筋線
南港ポートタウン線
乗り換え駅

1
東西の鉄道 ガチンコ10番勝負！

東京と大阪、満員電車の
“痛勤度”はどっちが高い？

対決１

スピード

新幹線では西、在来線では東に軍配！

日本で一番速い列車といえば、いわずと知れた新幹線だ。

東海道新幹線開業当時、営業運転として世界最速の時速２１０キロメートルを記録した新幹線は、その後もさらなるスピードアップをめざして挑戦を続けてきた。結果、現在はＮ７００系車両を使った「のぞみ」が、最高速度時速３００キロを叩《たた》き出している。

しかし、日本を走るすべての「のぞみ」が時速３００キロで走っているわけではない。３００キロで突っ走るのは、新大阪駅から博多駅を結ぶＪＲ西日本管轄《かんかつ》の山《さん》陽《よう》新幹線内を走るときに限られており、東京駅から新大阪駅までを結ぶＪＲ東海管轄の東海道新幹線内では２７０キロに制限される。

だが、ここで疑問が浮かぶ。同じＮ７００系の「のぞみ」なのに、どうして山陽新幹線のほうが東海道新幹線よりも速いのか。

答えは、東海道新幹線の場合、線路が込み合っているからだ。「のぞみ」自体は速くても、ほかの列車を追い越せなければ最高速度に達しない。また、東海道新幹線

北越急行ほくほく線 681系8000番台

にカーブが多いことも関係している。カーブのたびに速度を落とさなければならず、加速に時間がかかってしまうのだ。

こうしたことから、東海道新幹線は山陽新幹線よりも遅く、最高速度270キロを出している区間も、さほど長くないという結果になっている。

では、在来線（新幹線以外の路線）はどうか。

関東には、時速130キロで走るJR常磐《じょうばん》線（特別快速）があるし、京成《けいせい》電鉄の新型スカイライナーや、首都圏から北陸方面への足として、上越新幹線と接続し、新潟県の六日町《むいかまち》—犀潟《さいがた》間を結ぶ第三セクター（国や地方自治体と民間の共同出資で運営）北越《ほくえつ》急行線内を走る特急も時速160キロ運転をしている。

いっぽう関西にも、特急列車よりも速い快速列車が存在する。京阪《けいはん》地区の長浜《ながはま》―網干《あぼし》間を走行するJR西日本の「新快速」だ。

「新快速」の最高速度は、時速130キロ。関東の「快速アクティー（JR東海道線）」が東京―小田原《おだわら》間（83・9キロ）を1時間10分かけて走るのにたいし、「新快速」は大阪―姫路間（87・9キロ）を61分で走る。ほぼ同じ距離なのに、所要時間が圧倒的にちがうのだ。

しかし、先にあげたような関東の在来線とくらべてみると、関西の在来線で高速運転をしている列車は少ない。したがって、在来線部門では関東の勝利となる。

こうして見ると、新幹線は関西、在来線は関東が優位に立つといえそうだ。ただし、これは現時点での結果にすぎない。技術が進歩すれば、どんどんスピード記録は塗り変えられていく。今後の動向にも要注目である。

対決2 運賃

大阪では鉄道運賃も値切っちゃう？

列車の初乗り運賃は、地方や鉄道会社によってずいぶんちがう。どうせ乗るなら安いほうがありがたいが、関東と関西ではどちらが安いのだろうか。

まずJRを比較すると、東京近郊区間のJRの初乗り運賃は130円で、大阪近郊区間の初乗り運賃は120円だ。前身は同じ国鉄だったのに、なぜ初乗り運賃が異《こと》なるのかは謎だが、どんな理由があるにせよ、JRについては関西が安いという結果になった。

つぎに私鉄はどうかというと、関東の大手私鉄は東急電鉄の120円をはじめとして、120円から140円に設定されている。いっぽう、関西の大手私鉄は阪神電鉄のみが140円、ほかは150円となっており、関東よりも高い。

残るは地下鉄運賃だが、東京の地下鉄の初乗り運賃は東京メトロが160円、都営地下鉄が170円なのにたいし、大阪市営地下鉄はなんと200円もする。この料金差は、遠くまで乗り続けるとさらに広がっていき、20キロで東京メトロ270円、都営地下鉄310円なのにたいし、大阪市営地下鉄は360円にもなる。

このように、関東と関西で初乗り運賃を比較した場合、JRは関西のほうが安く、大手私鉄と地下鉄は関東のほうが安いという結果が出た。運賃の安さ対決は、2勝1敗で関東に軍配が上がったわけだ。

だが、じつは関西には、全国でもっとも初乗り運賃の安い路線が存在する。その路線とは大阪の北大阪《きたおおさか》急行電鉄だ。

北大阪急行の初乗り運賃は、なんと80円。現在、日本はデフレ不況の真っただ中にあるが、この破格の安さはデフレの影響によるものではない。

種明かしをすると、北大阪急行は大阪市営地下鉄御堂筋《みどうすじ》線の延長部分、江坂《えさか》—千《せん》里中央《りちゅうおう》間を走る路線であり、江坂から先が大阪市ではなく吹田《すいた》市に入ることから別会社となったものだ。会社がちがうと運賃が合算《がっさん》されて割高となるため、80円という低価格が実現したのである。

いまどき80円で乗れる列車があるとは驚き以外の何物でもない。北大阪急行には拍手を送りたいものだ。

対決3 通勤ラッシュ

東京と大阪のサラリーマン、〝痛勤〟度はどっちが高い？

都会のサラリーマンにとってやっかいなのは通勤ラッシュである。

ときどき足を踏まれたり、駆《か》け込み乗車してくる人にぶつかられたりして、会社に到着する前に疲れてしまうことも珍しくない。東京や大阪で勤務している人の多くは、こうした通勤ラッシュに苦しんでいることだろう。

では、東京と大阪をくらべた場合、どちらのサラリーマンが、より過酷《かこく》な通勤地獄を味わっているのだろうか。

まず、東京と大阪における主要駅の1日あたり平均乗降客数を見てみると、平成18年（2006）度の東京の乗降客数トップは新宿駅で、なんと329万1385人。2位は池袋駅の264万3063人で、3位は渋谷駅の218万9164人だ。

いっぽう、大阪のトップは梅田駅で229万4333人。難波《なんば》駅の76万7253人が2位、天王寺《てんのうじ》駅の68万2008人が3位と続く。関西1位の梅田駅は関東の新宿駅、池袋駅に大きく引き離されていることになる。

この結果を見れば、いかに東京の混雑ぶりが激しいかがよくわかるが、混雑率を調べると、その差はさらに歴然とする。

混雑率とは、路線の最混雑区間のピーク1時間の輸送人員や輸送力をもとに算出される数字のこと。目安としては、「新聞を広げて読める状態」が150パーセント、「折りたたむなど無理をすれば新聞が読める状態」が180パーセント、「身体が触《ふ》れ合い、圧迫感があるが、週刊誌程度ならなんとか読める状態」が200パーセント、「ほとんど身動きが取れない状態」が250パーセントとされている。

ただし、混雑率はピーク1時間の平均値にすぎないので、最ピーク時には300

パーセントを超えることもある。

国土交通省が発表した平成18年度の混雑率調査によると、東京でもっとも混雑していたのはJR山手《やまのて》線の上野—御徒町《おかちまち》間で混雑率216パーセント。2位はJR京《けい》浜《ひん》東北線の同区間で213パーセント、3位はJR中央線快速の中野—新宿間で208パーセントだった。地下鉄では、東京メトロ東西線の木場—門前仲町《もんぜんなかちょう》間の199パーセントがトップだ。

たいする大阪は、1位が市営地下鉄御堂筋線の梅田—淀屋橋《よどやばし》間で150パーセント、2位はJR大阪環状線の鶴橋—玉造《たまつくり》間の149パーセントという結果が出た。混雑率でも、東京は大阪をはるかに超える数字を叩き出していることがわかる。

したがって、通勤ラッシュの苦しみは大阪のサラリーマンよりも東京のサラリーマンのほうが大きいことになる。とはいえ、多少のちがいはあっても、大阪の通勤ラッシュも辛《つら》いことに変わりはない。改善を期待したいものだ。

対決4 人気車両

ファンが選ぶ「優秀車両」賞、受賞回数は、どっちが多い？

日本の映画界には、「ブルーリボン」という名の賞がある。在京のスポーツ新聞社を中心とする映画担当記者が選考する映画賞で、映画関係者にとっては、この賞を受賞することが大きなステータスとなっている。

そんなブルーリボン賞と同名の賞が、なんと鉄道界にも存在する。鉄道友の会が昭和33年（1958）に制定した由緒《ゆいしょ》ある賞だ。

鉄道友の会では、日本で前年のあいだに営業運転に就《つ》いた鉄道車両のなかで、とくに優秀だと思う1車両を選定し、その栄誉《えいよ》を称《たた》えている。受賞車両を出した鉄道会社は、受賞記念式典を開催したり、記念列車の走行、撮影会などを実施し、受賞車両には客室に記念プレートを取り付ける。50年以上の長い歴史を持つブルーリボン賞は、鉄道会社にとっても名誉として受けとめられているのだ。

では、このブルーリボン賞、関東と関西では、どちらが多く受賞しているのだろうか。

ここ10年間の受賞記録を調べてみると、関東は4回、関西は2回で関東のほうが多い。とくにここ2年間は、関東の小田急電鉄60000形特急ロマンスカー「MSE」と、JR東日本のE259系が連続受賞している。

平成21年（2009）の受賞車であるロマンスカー「MSE」は、全席指定有料特急としては国内ではじめて地下鉄に乗り入れた車両だ。朝日新聞の記事によれば、

小田急60000形（MSE）

友の会は、地下鉄（東京メトロ千代田線）乗り入れという制約のなかで従来のロマンスカーの長所を継承《けいしょう》しているうえ、間接照明や低騒音化設計など、通勤・観光の両面で快適さを追求した点を評価したという。

また、平成22年（２０１０）の受賞車、Ｅ２５９系は成田エクスプレス専用の特急車両で、日本を代表する国際空港と首都圏主要駅をダイレクトに結ぶ列車にふさわしい設備と性能を兼ね備《そな》えた点が評価されて受賞に至った。

なお、小田急電鉄は、平成18年（２００６）にも５００００形特急ロマンスカー「ＶＳＥ」で受賞しており、ＪＲ東日本も平成14年（２００２）にＥ２５７系特急「あずさ」「かいじ」で受賞している。つまり、ここ10年の関東の受賞は小田急電鉄とＪＲ東日本だけで勝ち取ったことになる。

いっぽう、関西の鉄道会社では、平成15年（２００３）に近畿日本鉄道（近鉄）の２１０２０系特急「アーバンライナー next」が、平成20年（２００８）にＪＲ西日本（ＪＲ東海との共同開発）のＮ７００系新幹線「のぞみ」などが受賞しているが、関東に一歩先を行かれた格好だ。

関西の鉄道会社は、今後、関東の両鉄道会社を打ち破《やぶ》り、リベンジすることができるだろうか。

対決5 ICカード

「イコカ」と「スイカ」、ズバリ！どっちが便利？

かつて電車に乗るときには、まず駅の運賃表で目的地までの運賃を調べ、券売機に並んで切符を買うという行程をふむ必要があった。混雑するターミナル駅やイベント終了後の最寄《もよ》り駅などでは券売機前が大行列となるため、大きな労力をともなった。

ところが、ＩＣ乗車券が導入されてからは、券売機で切符を買うというストレスが一気に解消された。ＩＣカードに料金をチャージしておけば、自動改札機にタッチするだけでスイスイ乗れる。そのうえ、ＩＣカードで買い物などもできるようになった。

　この便利なＩＣカードを最初に導入したのがＪＲ東日本である。その名は「Ｓｕｉｃａ（スイカ）」。「スイスイ自動改札を通れる」という意味を込めてつけられた名前だ。

　平成13年（２００１）11月にサービスが開始されて以来、これまでにない便利さから利用者は急激に増加し、平成21年（２００９）10月時点で約３００１万枚が発行されている。駅構内のキヨスクをはじめ、駅ナカ（183ページ参照）、さらには家電量販店やスーパーマーケット、コンビニエンスストアなど、使用可能な場所もどんどん増えており、加盟店は約６万５３６０店にのぼっている。

　いっぽう関西でも、ＪＲ西日本が平成15年（２００３）11月から「ＩＣＯＣＡ（イコカ）」を導入している。この名前は「IC Operating Card」に由来すると説明されているが、関西弁で「レッツゴー」を意味する「行こか」にかけていることはまちがいない。キャッチコピーは「ＩＣＯＣＡで行こか」。さすが関西らしいシャレの利《き》いたネーミングだ。

SuicaとICOCAが利用できる範囲

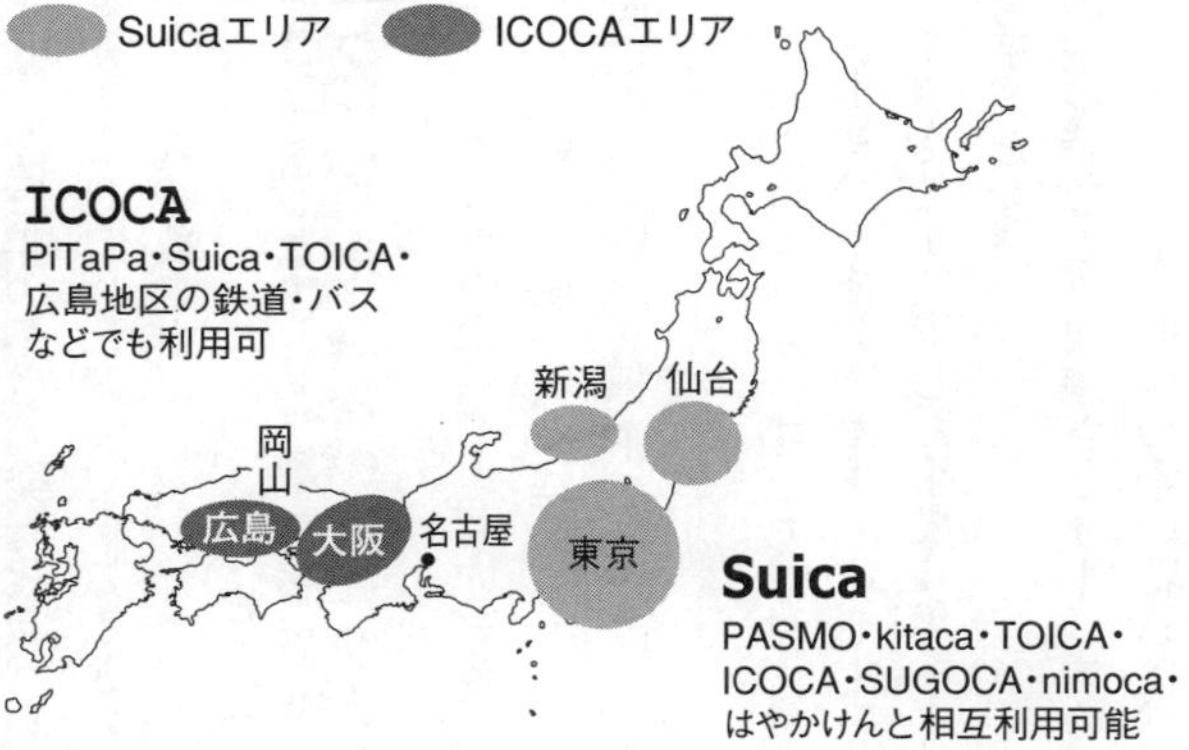

ただし、ＩＣＯＣＡの発行枚数は約４６５万枚、加盟店は約７７３０店となっており、Ｓｕｉｃａにくらべると、その普及率はかなり落ちる。さらに、利用可能なエリアにかんしても、ＩＣＯＣＡはＳｕｉｃａにかなわない。

現在、全国のＪＲ旅客６社のうち、ＪＲ四国以外の５社がＩＣカードを導入している。地下鉄や私鉄も関東の「ＰＡＳＭＯ（パスモ）」、関西の「ＰｉＴａＰａ（ピタパ）」など多くのエリアで導入している。こうしたカード間の相互利用はじょじょに拡大されており、Ｓｕｉｃａは北海道から九州まで、ほぼ全国全域をカバーしているが、ＩＣＯＣＡは、まだ北海道と九州では利用できない。

つまり、発行年の早さ、発行枚数、利用できるエリアなど、あらゆる分野でＳｕｉｃａがＩＣＯＣＡに勝っていることになる。Ｓｕｉｃａはライバルに大きく水をあけ、スイスイ独走中だ。

対決６ 空港特急

空港へのアクセス列車は サービス面で関西がリード！

現在、全国各地の空港ターミナルに、「空港特急」と呼ばれる鉄道が直接乗り入れを行なっている。成田空港にアクセスしているＪＲ東日本の「成田エクスプレス」と京成電鉄の「京成スカイライナー」、関西空港にアクセスしているＪＲ西日本の「関空特急はるか」と南海電鉄の「ラピート」などが代表例だ。

こうした空港特急が登場したのは、鉄道の歴史から見れば、わりと最近のことである。日本初の本格的空港特急は、平成３年（１９９１）に開業した成田エクスプレスで、関西空港が開港した平成６年（１９９４）には「関空特急はるか」と「ラピート」も開業した。

どの空港特急も、快適さとサービスの向上に努めており、集客力アップを図《はか》っている。では、関東と関西の空港特急は、利便性、料金、乗り心地《ごこち》などにかんしてど

東西を代表する空港特急

のようになっているのか。それぞれをくらべてみよう。

関西では「関空特急はるか」と「ラピート」が競合しているが、室内設備、スピード、運転回数などは同レベルで、料金は「ラピート」のほうが安い。ただし、「はるか」は大阪環状線を通って新大阪駅、京都駅と結んでいるため、利便性では「ラピート」に勝っている。

また「はるか」は、新大阪や京都で新幹線に乗り継ぐ場合、特急料金が半額になる乗継《のりつぎ》割引制度がある。しかも、「はるか」「ラピート」とも、内装が豪華で乗り心地は申し分ない。

関東はどうか。「成田エクスプレス」は、これまで料金が高く、普通車の座席も横2人がけ&2列のボックスシートになっていたため、あまり評判はよくなかった。したがって空港特急にかんしては、「関西のほうが上ではないか」という声があがっていた。

ところが平成21年（2009）10月、成田エクスプレスに新型のE259系が採用されたことにより事情が変わる。評判の悪かった普通車のボックスシートは回転式リクライニングシートに変更され、グリーン車は横2人がけ&2列の4列で本革張りになるなど、乗り心地が大きく改善されたのだ。この車両・車内設備の刷新《さっしん》により、料金以外は関西のレベルに追いついたといえそうだ。

さらに関東では、平成22年（2010）7月にデビューした京成電鉄の「新型スカイライナー」も注目されている。日本の在来線では最速の時速160キロを誇《ほこ》り、日暮里《にっぽり》駅から成田空港第2ビル駅まで36分で結ぶ。これまでの51分運行から、なんと15分も短縮されたのだ。

車体や車内デザインは有名デザイナーの山本寛斎《かんさい》氏が手がけ、風をイメージした斬新《ざんしん》さを演出。料金も2400円と、東京—空港第2ビル間を2940円（普通車）で走る成田エクスプレスより安い。客室は天井を高くして、ゆったりとした空間を確保、快適な乗り心地を実現している。

対決７

最短&最長区間

新幹線の影響で入れ替わる「最長区間日本一」の座

日本でもっとも長い鉄道路線はどこかと聞かれたとき、多くの人は、新幹線の東京―博多間を思い浮かべるのではないだろうか。たしかに東京―博多間の営業距離は１１７９・３キロでダントツの長さを誇るが、この路線は、東京―新大阪間の東海道新幹線と新大阪―博多間の山陽新幹線の２区間に分かれているため、正確にはもっとも長い路線とはいえない。

では、１区間としての日本一はどこかというと、ＪＲ西日本の山陰《さんいん》本線である。山陰本線の京都―幡生《はたぶ》間は６７３・８キロあり、在来線ながら日本一長い。京都からの路線ということで、関東・関西対決では関西の勝利といえるだろう。

ただし、平成14年（２００２）までの日本一は、東京―青森間を結ぶ東北本線の７３９・２キロだった。しかし、同年に東北新幹線が八戸《はちのへ》まで延長されたことにより、途中の盛岡―八戸間が第三セクター化されたため、山陰本線との順位が入れ替わってしまったのだ。

さて、つぎは会社別の営業キロ数でくらべてみよう。日本一営業キロ数が長いのは、なんといってもJR東日本だ。その総延長キロ数は約7500キロにおよび、私鉄全線に相当する。

私鉄の場合、近畿日本鉄道（近鉄）の573・7キロが最長だが、この近鉄をもってしても、JRでもっとも営業キロ数が短いJR四国の855・2キロに達しない。ここからも、JRがいかに巨大な路線網を張りめぐらしているかよくわかる。

いっぽう、地下鉄でもっとも営業キロ数が長いのは東京メトロである。東京メトロは9路線の合計で183・2キロを誇り、第2位の大阪市交通局の8路線129・9キロを大きく突き放している。

というわけで、JR、私鉄とも日本一長い単独路線は関西にあるが、会社別の営業キロ数の長さでは関東の圧勝ということになる。

なお、もっとも短い路線は、JRではJR西日本の阪和《はんわ》線の支線（羽衣《はごろも》線）が1・7キロでトップ。私鉄を加えると、東京の京王電鉄の東府中《ひがしふちゅう》駅から府中競馬場正門前駅を結ぶ競馬場線が、0・9キロで最短だ。神戸高速鉄道南北線の新開地《しんかいち》―湊川《みなとがわ》間も0・4キロという短さだが、この路線は神戸電鉄線からの乗り入れ列車によって運行されている神戸電鉄の延長線のようなもの（111ページ参照）。それを考慮すると、単独で折り返し運転をしている競馬場線のほうに分《ぶ》がありそうだ。

対決8

駅弁の値段

東西が誇る「豪華駅弁」の中身は、こんなにスゴい!

列車の旅では駅弁を食べることも楽しみのひとつになる。地方を訪れたさいは、せっかくだから、ご当地名物の美味しい駅弁を堪能《たんのう》したいものだ。

では、関東と関西で〝駅弁対決〟をすると、どちらの勝ちになるのか。味は好みがあるし、自慢の素材はその土地によってちがってくる。そこで、ここでは価格で対決させてみよう。

まず関西からは、JR紀勢《きせい》本線松阪《まつさか》駅構内で販売されている「極上松阪牛ヒレ牛肉弁当」(あら竹本店)の登場だ。

この駅弁の価格は1万5000円(税込み)。中身は最上級松阪牛ヒレ肉180グラムの和風ステーキ(金沢から取り寄せた金箔《きんぱく》乗せ!)を中心に、伊勢湾産の車海老《くるまえび》の煮付けや伊勢地鶏の唐揚げ、三重の清流宮川で捕《と》れた子持ち鮎《あゆ》の甘露《かんろ》煮、紀州熊野の最高品種・南高梅の特大はちみつ梅干しなど、副菜も豪華絢爛《ごうかけんらん》このうえない。

1週間前までの完全予約制で販売されており、証明書付きの最高の肉が手に入らなければ予約を断るというこだわりぶりだ。

予約必須の豪華駅弁「日光埋蔵金弁当」
（写真は一部。協力：日光鱒鮨本舗株式会社）

はたして、関東にはこの豪華駅弁に対抗できるものがあるのか。

じつは、関東には15万7500円（税込み）の超高級駅弁が存在する。その名も「日光埋蔵《まいぞう》金弁当」だ。

日光埋蔵金弁当は栃木県の駅弁で、予約を取れば東《とう》武《ぶ》日光線東武日光駅で受け渡してくれる。気になる中身は、日光鱒《ます》寿しや日光姫寿し、北海道産のタラバガニと九州産車海老を使用したばらちらし、とちぎ和牛のヒレステーキ、ロシア産キャビア、日光刺身ゆばなどがギッシリ詰まっている。

そして、この中身以上にスゴいのが器《うつわ》と箸《はし》である。販売元の日光鱒鮨《ますずし》本舗株式会社によれば、器と箸はともに日光彫《ぼり》でつくられており、弁当箱だけで15万円、箸は

2万円もする代物《しろもの》。さらに食材費として5万円かかっており、売れば売るほど赤字になってしまう。それでも同社は栃木の良さをアピールしたいという思いが強く、採算《さいさん》は度外視しているという。

平成19年（2007）に発売を開始して以来、すでに30個ほど売れており、過去には旅館を予約してまで買いにくる人もいたらしい。ただし、日光彫の器は一つひとつ手作りしているため、いくらお金を出してもそう簡単には手に入らない。弁当が販売されるのは、器が出来しだいとなっているのだ。

このレアさ加減はただ者ではない。〝埋蔵金〟の名がピッタリだ。懐《ふところ》に余裕がある人は、ぜひ一度試してみてはいかがだろうか。

対決9 車内広告

おなじみの「中吊り広告」、掲載料は、どちらが高い？

電車内には、かならず何らかの広告が掲示《けいじ》されている。花形ともいえる中吊《なかづ》り広告のほか、車内側面の上部に掲出《けいしゅつ》されている窓上ポスター、ドア横やドアガラス面に貼ってあるステッカー、さらには一編成の車両すべてを同じ広告で統一するADトレイン（東京メトロでの呼称はUライナー）、車両の外側のボディに企業のロゴマークなどをつける「ラッピング電車」など、最近はその手法も多様化してきた。

こうした広告にはどれぐらいの料金がかかるのか。関西と関東で差はあるのだろうか。

一般的には、各社とも乗客の多い路線ほど価格を高く設定している。乗客が多ければ多いほど宣伝効果も大きいわけだから、これは当然だろう。

また、地上を走る列車より、地下鉄のほうが割高になっている点も特徴としてあげられる。これは、地下鉄は車窓《しゃそう》からの風景が楽しめないぶん、広告を見る人が多いという理由が考えられる。

中吊り広告やステッカーなどは各車両に1枚ずつ、全車両に掲載《けいさい》するといったセット価格となる。中吊り広告の場合、平日は2日単位、土日をはさんだ場合は3日単位という設定が多い。

中吊り広告の具体的な金額は、関東のJRの場合、山手線群・京浜東北線群・中央線群と料金体系が分かれている。

もっとも高額なのは、山手線群（山手線、常磐線、総武線快速など）で、2700枚を平日2日間掲載するとシングル（B3判）210万円、ワイド（B3判2枚分）420万円、土日月の3日間掲載はシングル168万円、ワイド336万円となる。

京浜東北線群（京浜東北線、根岸線、横浜線、南武線など）は2200枚を平日2日間掲載するとシングル66万7000円、ワイド133万4000円、土日月の3日間はシングル53万4000円、ワイド106万8000円となる。

中央線群（中央線快速、中央総武線各駅停車、京葉《けいよう》線など）は、2400枚を平日2日間掲載するとシングル120万円、ワイド240万円、土日月3日間ではシングル96万円、ワイド192万円となる。

東京メトロは銀座線系（銀座線、東西線、千代田線など）がもっとも高く、1600枚を平日2日、もしくは土日をはさんだ3日間掲載してシングル128万5000円、ワイド257万円。もっとも安いのは有楽町線系（有楽町線、半蔵門《はんぞうもん》線、副都心線）で、1700枚を2日・3日間掲載してシングル128万6000円、ワイド257万2000円。平日2日のシングル1枚あたりの金額を単純計算すれば、山手線群が約780円、東京メトロの銀座線系が約803円だ。

関西はどうか。JRの普通電車の場合、1600枚を平日2日・週末3日掲載するとシングル82万4000円、ワイド166万2000円。大阪市営地下鉄（全線）は1450枚を平日2日・週末3日掲載してシングル82万2000円、ワイド190万5000円。シングル1枚あたりで計算すると、JRが515円、地下鉄が約

567円だ。

広告料にかんしていえば、関西より関東のほうが高いといえる。この差は人口のちがいとも考えられるが、その詳細はわからない。

対決10 鉄道博物館

東西を代表する〝聖地〟の魅力とは

日本には、関東・関西それぞれに世界に誇る鉄道ミュージアムがある。

関東にあるのが埼玉県さいたま市大宮区の「鉄道博物館」だ。これは、平成19年（2007）10月14日の「鉄道の日」に、JR東日本の創立20周年記念事業プロジェクトとしてオープンした博物館。鉄道にかんする博物館のなかでは日本最大規模を誇る。

日本はもちろん、世界中の鉄道にかんする文化遺跡や車両、文献《ぶんけん》、資料などが約58万点も集められているうえ、鉄道模型や運転シミュレーション、遊戯《ゆうぎ》器具なども充実しており、鉄道ファンならずとも楽しむことのできるテーマパークとなっている。

見どころはたくさんあるが、目玉スポットのひとつは博物館の敷地の約半分を占《し》める「ヒストリーゾーン」だろう。明治時代から東北・上越新幹線開業までの実物

鉄道博物館の運転シミュレータ

車両が36両も並んでいて、そのなかには日本で最初に新橋—横浜間を走った1号機関車、150形蒸気機関車まであるからスゴイ。

飲食店も鉄道一色だ。1階の「旅のレストラン 日本食堂」では、「懐《なつ》かしの食堂車のカレーライス」や、幻の賄《まかな》い食「ハチクマライス」などが味わえる。また売店では、いろいろな駅弁が楽しめる。

このように、関東の鉄道博物館はその規模といい、内容といい、最高レベルの博物館だ。少しでも鉄道に興味があるなら、一度行ってみて損はない。

関西の鉄道ミュージアムも負けてはいない。JR西日本が運営する大阪市港区の「交通科学博物館」は、展示資料こそ約4万5000点と、関東の鉄道博物館に差をつけられているものの、昭和37年（1962）開設という長い伝統を誇る。

昭和初期の駅が再現されていたり、運転士の訓練用シミュレータ装置を体験できたり、昭和33年（1958）に登場した「151系電車特急こだま」の運転席に座れたりと、内容も充実している。加えて「ブルートレイン」の食堂車を利用したレストランで食事をすることも可能だ。

また、入館料をくらべてみると、鉄道博物館が大人1000円、小・中・高校生500円、3歳以上の未就学児200円なのにたいし、交通科学博物館は大人（高校生以上）400円、中学生まで100円と、じつにリーズナブル。

こうして東西の鉄道ミュージアムを見ていくと、どちらにも魅力がたくさんつまっており、甲乙《こうおつ》つけがたい状況というのが本当のところだ。できることなら、ふたつとも訪れて、思う存分楽しみたい。

ちなみに、JR西日本では現在の交通科学博物館の規模を縮小し、京都市内に新たな鉄道ミュージアムを開業する計画を進行中だ。新鉄道ミュージアムは平成26年（2014）度から同27年度ごろにオープンする見込みだという。さて、どんな施設が誕生するのか、楽しみは増すばかりである。

2

ホンマかいな?! 驚きのルールの違いとウラ事情!

「きっぷを拝見」が東の新幹線で消え、
西では続いている謎

車内アナウンス

なぜ、関西のほうが関東よりも聞き取りやすい？

関東には、独特の車内アナウンスを行なう車掌《しゃしょう》が多い。カッゼツのよい車掌はなぜか少なく、発音が不明瞭《ふめいりょう》で語尾が聞き取りづらかったり、特有のフシがついている傾向が見られる。この独特の車内放送はじつに面白いが、案内を聞きそびれて乗り越してしまったりすると悲劇である。

これにたいし関西では、発音がハッキリしていて、聞き取りやすいアナウンスをする車掌が多いという印象をうける。冒頭から語尾までしっかり発音しており、関東の車掌のような独特のフシはついていない。

このちがいは関東と関西の「言葉のちがい」にあるといわれている。

関東弁は「何を」「何が」に重点が置かれる「名詞型言語」で、関西弁は「どうする」「どうなる」といった述部に重点が置かれる「動詞型言語」。つまり関東の発音は、後半が尻すぼみになるケースが多いのにたいして、関西の発音は、最後の動詞の部分までハッキリ声に出す。そのため、発言の内容がわかりやすくなるのだ。

また、関東の車内アナウンスと関西の車内アナウンスでは、言葉の言い回しにも大きなちがいがある。

たとえば関東では「まもなく発車します」というが、関西では「ただいま発車します」という。急行列車などでは、関東は「つぎは○○に停まります」というのにたいし、関西では「○○まで停まりません」という。

関西特有の言い回しは、それだけにとどまらない。ドアに指を挟《はさ》まれないように注意するときに「ゆび詰めにご注意ください」といったり、「ぜひご利用くださ い」という意味で「せいぜいご利用ください」といったりする。

ほかにも、アナウンスの前に「みなさん」と呼びかけるとか、駅名が長い場合に「つぎは西宮《にしのみや》、西宮北口です」「つぎは門戸《もんど》、門戸厄神《やくじん》です」といった具合に区切ってくり返すなどの工夫がされている。

さらに、関東では私鉄のターミナル駅を「渋谷」「池袋」とそのままアナウンスするのにたいし、関西は「大

阪梅田」というように、注釈をつけたかたちでアナウンスしていたりもする。

こうして見てみると、関東よりも関西のアナウンスのほうが聞き取りやすいうえ、何かとていねいなようだ。「ツッコミ文化」の関西だけに、乗客にむやみにつっこまれないように努力しているのかもしれない。

「普通」「急行」「快速」

ややこしい運転ルール、西も東も、慣れるのに大変！

発車間際《まぎわ》の電車に飛び乗ったものの、じつは快速電車で目的地の駅に停まらなかった……。そうした失敗を、だれしも一度は経験しているにちがいない。

列車には「普通」「快速」「急行」などの区別があり、「快速」「急行」になると通過する駅があるのは周知のとおりだ。しかしながら、この区別は絶対的なものかというとそうでもなく、慣れていない路線ではかなりの確率でとまどうことになる。

なかでも、とくにわかりにくいといわれているのが関西の電車だ。

近鉄の「区間快速急行」、近鉄、南海、京阪《けいはん》などの「区間急行」、JR関西線の「区間快速」などは、急行、快速といった種類の前に〝区間〟とついている。ふつうに解釈すれば、ある特定の駅までを急行・快速で運転し、その先は各停で終点まで行くものと考えられる。しかし、じっさいは会社によって〝区間〟の意味が異なり、一定区間だけが急行・快速で終点まで行くものがあれば、終点まで運行せずに途中停まりになってしまうものもある。そのため、乗り慣れた関西の住民以外には、とてもわかりにくい。

また、南海電鉄には、「普通」と「各駅停車」がある。どちらもすべての駅に停まる、同じ種類の電車に思えるが、南海電鉄の「普通」と「各駅停車」はけっして同じではないのだ。

南海電鉄の難波《なんば》—岸里玉出《きしのさとたまで》間は、南海本線と高野《こうや》線の2路線が並行して走っているのだが、この区間には高野線は停まれるのに、南海本線はホームがないために停まれない、という駅がふたつある。そのため同じ区間でも、南海本線の路線は「普通（ここではホームがない2駅以外のすべての駅に停まるという意味）」、高野線では「各駅停車（南海本線が停まらないふたつの駅を含め、すべての駅に停まるという意味）」と呼んで区別しているのである。

では、関東はどうか。じつは関東にもこうしたややこしい運行が存在する。たとえば西武池袋線では、朝のラッシュ時になると「快速急行」「急行」「通勤急行」「通勤準急」などが登場し、停まる駅がまちまちになる。

通常、急行が停まる駅ならば、通勤急行や準急クラスの電車も停まるものだが、西武池袋線では、急行が停まる駅を通過するケースがある。だから、「急行が停まる駅だから、この通勤準急も停まるはず」などと決めつけてしまわずに、運行表をチェックしておかなければならない。

なぜ、このようにわかりにくい運行になっているのかというと、乗客の大半が降りるのが終点の池袋駅だからだ。通常パターンの運行をしていると、池袋駅に近い主要駅でみなが通勤急行や準急に乗り換えようとして、けっきょく乗りきれなくなる。そうした事態を防ぐための措置《そち》なのだ。

じつは、関西に区間限定の急行や快速がある理由も、西武池袋線と同じ。ラッシュ時に、いかに効率よく輸送するかを模索した結果、かえってわかりにくい運行スタイルになってしまったのだ。したがって、ラッシュ時の電車の運行の〝わかりにくさ〟という点では、関東、関西とも引き分けといえるかもしれない。

「上り」と「下り」

「東京中心」にする路線と、我が道を歩む近鉄

江戸時代まで、「上京」といえば京都へ行くことを意味した。「京都」へ「上《のぼ》る」

という文字どおりの意味である。

しかし、明治時代に東京が日本の中心になると、その習慣が変化。上京は、京都ではなく東京に行くことを表すようになった。

「上り」「下《くだ》り」という言葉は鉄道でもふつうに使われるが、これは当時の原則にしたがったものだ。明治5年（1872）、新橋（汐留《しおどめ》）―横浜（現在の桜木町）間に最初の鉄道が開通したとき、新橋方面を「上り」、横浜方面を「下り」とした。

この原則は日本全国に広まり、戦前には、海外の日本の支配地にも適用されていた。朝鮮半島では、東京に近い釜山《プサン》からソウル・平壌《ピョンヤン》に向かう列車が下りで、逆が上りだった。旧満州でも、大連《だいれん》から奉天《ほうてん》（現・瀋陽《しんよう》）、新京《しんきょう》（現・長春《ちょうしゅん》）に向かう列車が下りで、逆が上りだった。

現在も、ほとんどすべてのJRがこの原則にしたがって「上り」「下り」を決めている。東京の山手線《やまのて》や大阪環状線は「内回り」「外回り」という呼び方をするが、それ以外は東京を中心に「上り」「下り」を分けている。

私鉄も基本的には同じ原則だ。阪急の場合、宝塚本線と神戸本線は梅田方面を「上り」、宝塚や三宮方面を「下り」としているが、京都本線は梅田方面が「下り」、河原町《かわらまち》方面が「上り」となっている。また、大阪市営地下鉄も南北に延びる路線は北行きが「上り」で、東西に延びる路線は西行きが「下り」だ。

　ところが関西には、こうした東京中心の原則に反旗をひるがえしているかのように見える私鉄がある。それは近畿日本鉄道（近鉄）だ。

　近鉄では、奈良線（大阪難波―近鉄奈良）や大阪線（上《うえ》本町《ほんまち》―伊勢中川《いせなかがわ》）の大阪方面に向かう列車を「上り」、逆に奈良や伊勢へ向かう列車を「下り」としている。じっさいは奈良や伊勢のほうが東京に近いのだが、あくまで本社のある大阪を中心として「上り」「下り」を設定しているのだ。

　ただ、これは別に東京に逆らっているわけではない。もともと近鉄の前身である大阪電気軌道（設立時の社名は奈良軌道）は、路面電車として開業しており、当初は鉄道とは見なされていなかった。そのため、東京中心の原則が適用されなかったのである。

ホームの番線

番線をつける順序に東西共通のルールはある?

駅には1番線、2番線、3番線……といった番線がある。ホームで電車を待っているとき、「まもなく3番線に電車がまいります」という駅員のアナウンスを聞いたことがあるだろう。

この番線がどのような順番でつけられているか、ご存じだろうか。番線をつける順序にはいくつかのルールがあり、ＪＲと地下鉄でちがったり、関東と関西でちがうなど、なかなか複雑だ。まずは地下鉄から見ていくことにしよう。

地下鉄駅のホームの番線は、基本的に起点駅から終点駅に向かう線が1番線、終点駅から起点駅に向かう線が2番線となっている。

大阪市営地下鉄は、この基本を忠実に守っており、同じ駅のなかに路線がちがう1番線、2番線が存在する。たとえば本町駅では、御堂筋《みどうすじ》線の1番線と2番線、中央線の1番線と2番線がある。ちょっととまどうかもしれないが、どこの路線かがわかれば、むしろ単純明快でわかりやすい。

東京の地下鉄も基本は同じだが、多くの路線が乗り入れていたり、異なる事業主が運営していることがあるため、関西のようにシンプルにはいかない。たとえば新宿駅では、相互乗り入れをしている京王《けいおう》電鉄と都営地下鉄で通しの番号になっており、京王線が1~3番線、都営地下鉄新宿線(京王新線)が4番線と5番線、都営大江戸線が6番線と7番線となる。

また、都営地下鉄新宿線の小川町《おがわまち》駅には、そもそも1番線と2番線が存在しない。開業当初は1番線も2番線もあったのだが、東京メトロ丸ノ内線淡路町《あわじちょう》駅の改札口がすぐ近くにあり、まちがえる客が続出したため、丸ノ内線の淡路町駅のほうを1番線、2番線とし、都営新宿線の小川町駅のほうを3番線、4番線に変更して、混同しないようにしたのである。

では、JRはどうなっているのだろうか。JRでは、駅長室が入っている建物から近い順に1番線、2番線……となる。

ただし乗客は、どこに駅長室があるかなどわからない。しかも駅のホームを増築したり、あとからほかの路線が乗り入れたりすることもあるから、JRのルールを〝解読〟して番線を予測するのはむずかしい。

とりわけ複雑なのが東京駅だ。東京駅の場合、駅長室から近い順に、在来線が1番線から10番線まで並んだあと、東北(山形・秋田新幹線も含む)・上越・長野新幹線の20～23番線が続く。

ところが、つぎは東海道新幹線の14～19番線となっており、しかも11番線と12番線は欠番という複雑さだ。

東京駅ほどではないが、新大阪駅の番線も変わっている。いきなり在来線の11番線（11番のりば）からはじまって18番線まで続いたあと、新幹線の20～26番線となる。はじめから一ケタの番線はなく、19番線は欠番だ。在来線は10番台、新幹線は20番台と線引きされているから、見た目ほどにはわかりにくいということはないかもしれない。

車内改札 東を走る新幹線で消え、西を走る新幹線で続く謎

東北新幹線に乗って座席に座り、車内改札に備《そな》えてチケットを準備したにもかかわらず、いつまでたっても車内改札がこない。車掌さんがサボっているのか、それとも緊急の用事が発生して車内改札が遅れているのか――。

このような経験をした人がいるかもしれないが、心配は無用。なぜならＪＲ東日本の新幹線は、平成14年（２００２）８月をもって、車内改札を廃止したからであ

る。つまり、一度、改札にチケットを通せば、あとは降車駅までチケット不要というわけだ。
それでは自由席のチケットで指定席に座ってしまう人や、特急券を持たずに乗りこむ人などが続出するのではないかと思うかもしれないが、その心配もない。車内改札を行なわなくても、自由席の切符しかない人が指定席に乗っていたり、勘違《かんちが》いして別の座席に座っている人がいれば、車掌さんがその人にピンポイントで声をかけ、正しい料金の徴収《ちようしゆう》を行なったり、席のまちがいを教えてくれたりするのだ。
なぜそんな芸当が可能なのかというと、JR東日本のシステム改革に答えが隠されている。

ＪＲ東日本は、駅の自動改札機がチケットの磁気に記録されている日付や列車、区間、座席といった情報を読み取って集計し、当該《とうがい》列車の車掌さんが持っている端末機に無線で送信するというシステムを導入している。そのため、車内改札がなくても、一目瞭然《いちもくりようぜん》で不正乗車などを認識できるのである。

では、関西はどうか。ＪＲ西日本は、山陽《さんよう》新幹線内でいまも車内改札を行なっている。ＪＲ東海の東海道新幹線にも車内改札はある。

とはいえ、山陽新幹線や東海道新幹線のシステムが遅れているというわけではない。車内改札を実施するのは、正しい乗車状況にあるかどうかをチェックするとともに、在来線列車との接続や到着時間などを案内するというサービスの意味合いもある。

また山陽新幹線や東海道新幹線の場合、沿線に大都市がいくつも並んでおり、途中の都市間相互利用が多いため、直接目で見て確認するほうが確実だ。

しかし、鉄道にかかわるシステムは日に日に進化している。このままシステムの進化が続いていけば、いつの日か車掌さんの凛々《りり》しい姿を車内で見られなくなるかもしれない。

女性専用車両

発祥地の東京より、関西で普及したウラ事情は？

女性専用車両は、多くの大手私鉄やJRの一部で導入されており、いまやすっかり定着した感がある。

この女性専用車両、はじまったのは数年前という印象を持っている人が多いが、じつは明治時代から存在していた。日本初の女性専用車両が登場したのは、なんと明治45年（1912）のことなのだ。

女性専用車両の第一号は東京の中央線に設《もう》けられた。当時、中央線沿線には名門女学校が多く、通学時間帯の中央線には女学生が大勢乗っていた。その女学生にたいして、付《つ》け文《ぶみ》（ラブレター）を渡したり、車内でよからぬ行為に走ったりする男子学生がしばしば現れ、社会問題になっていた。

当時運営していた鉄道院へは学校や保護者からの苦情が殺到し、世論でも「若い男女が同じ電車に乗るべきではない」という意見が多数を占《し》めた。さらに当時、学習院の院長をつとめていた乃木希典《のぎまれすけ》（日露戦争の英雄）が、鉄道院上層部に適切な対処を求めた。その結果、鉄道院は女性専用車の導入に踏み切ったのだ。

第一号の運行は短期間で終了したものの、昭和22年（1947）に「婦人子供専用車」として国鉄中央線（現在のJR中央線）で復活し、好評を博した。つまり、女性専用車両を導入したのは、関東が関西よりも先だったということになる。

ところが、女性専用車両の現状を見てみると、関東よりも関西で広く普及している傾向がある。

関東では、朝の通勤時間帯と酔っぱらい客の多い深夜時間帯に導入されるケースが多いが、関西では朝夕の通勤時間帯だけでなく、終日女性専用とする車両が多く見られるのだ。

たとえば阪急電鉄の京都本線では、平日ダイヤ運行日は終日、8両編成のうち

1両を女性専用車としている。また神戸市営地下鉄では、休日も含めて全路線、全列車に終日女性専用列車を連結している。

このように、女性専用車両の導入には関西のほうが積極的といえる。その理由は、ラッシュ時の混雑状況が関東にくらべて穏《おだ》やかで、導入しやすかったためといわれているが、じつは東京より痴漢《ちかん》が多いからではないかというウワサもささやかれている。

なにしろ大阪は、「ちかん！　あかん！」というポスターを大量に貼りだして話題になった土地柄である。女性専用車両は痴漢対策として不可欠と考える人が数多くいたとしても不思議はない。

優先席

「全席優先席制度」が関西で挫折も横浜で復活！

電車やバスに設置されている優先席は、かつて「シルバーシート」と呼ばれていた。その名が示すとおり、高齢者が優先して座ることのできる座席であった。

このシルバーシートがはじめて登場したのは昭和48年（1973）9月15日の「敬老の日」で、関東の国鉄中央線快速・特別快速の東京―高尾間に導入された。当初は「席を自発的に譲《ゆず》る人が減ってしまう」という否定的な意見も多かったが、またたく間に全国に普及した。

そして、のちに「席を譲ってほしいのは高齢者だけではない」との意見が強くなってからは、「高齢者や障害者はもとより外見では判断できない病気を抱えている人、妊婦《にんぷ》、乳幼児を連れている人などが優先して座ることができる座席」という意味で、平成9年（1997）にシルバーシートから「優先席」へと名称が変更されている。

このように、現在に続く優先席は関東で生まれたわけだが、関西も負けてはいない。平成11年（1999）、阪急電鉄・能勢《のせ》電鉄・神戸電鉄は、それまで一部区間だけに設置してあった優先席を、全車両に拡大したのだ。つまり、すべての座席を優先席にしたのである。

これは、「お年寄りや体の不自由な人などには、どの座席であろうと自発的に席を譲るべき」という優先席の根本的な考えに立ち戻ろうとするもので、全国の鉄道会社から注目を浴びることになった。

しかし、この大胆な試《こころ》みは、残念ながらうまくいかなかった。高齢者などから「席を譲ってもらえない」「優先席があったほうが譲ってもらいやすい」といった声が続出したため、平成19年（２００７）に3社とも全席優先席制度を廃止し、部分的な優先席を復活させたのである。

「自発的な譲り合い」を求めた理想は、厳しい現実の前に挫折《ざせつ》してしまった格好だが、関東では、いまも全席優先席制度を設けている鉄道がある。それは横浜市営地下鉄だ。

横浜市営地下鉄は阪急電鉄に遅れること4年、平成15年（２００３）末から全席優先席制度を導入している。こちらは賛同する声が多いことから、今後も継続していく予定だという。

関西で失敗した全席優先席制度が、関東では定着するのか。横浜市営地下鉄の今後の動きに注目したいところである。

整列乗車

「関西の乗車マナーは悪い」というのは本当なのか？

京王線新宿駅のホームには、乗車位置に「先発」と書かれており、その左側には「次発」の文字がある。

ラッシュ時、乗客は先発の場所で3列に並び、つぎの電車に乗る人は次発の位置に並んで待つ。そして電車がきて、先発の列の乗客が乗りこむと、次発組は先発の位置へと移動する。

　また東京メトロ銀座線渋谷駅の場合、乗車位置に乗客が4列に並び、内側の2列が到着した電車に乗る。すると外側の2列がさっと内側にそのまま移動して2列になり、つぎの電車を待つ。

　東京では、こうした一連の行為がつねに見られる。JRでも私鉄でも地下鉄でも、乗客はみな行儀よく、きちんと整列乗車を行なっている。あまりに見事な乗車スタイルということで、外国から取材クルーが訪れることも少なくない。

　では、大阪はどうだろうか。かつて大阪は「横一列で電車を待つ」といわれるほど、とにかく並ばないことで有名だった。

　だが、鉄道各社が必死で呼びかけをした結果、現在では列をつくって待つようになっている。東京で3列

乗車が多いのにたいし、大阪は2列乗車が基本だ。

しかし並んでいるのは前のほうだけで、電車の扉が開いたとたんに列が乱れたり、周囲にいた人が割りこんでくるケースもある。東京ほど整然とはいいがたい。

この東京と大阪の差は数字にもはっきり表れている。国際交通安全学会の「地域文化特性と運転行動」をテーマにした意識調査によると、東京で「乗車のさいにいつも並ぶ」と答えた人が79パーセントだったのにたいし、大阪は59パーセントにとどまった。

さらに「最後に降りる人を待たず、何秒前から乗りはじめるか」という問いにたいする回答は、東京が「1・3秒前」だったのにたいし、大阪は「3・2秒前」だったのである。

なぜこうした結果が出たのかというと、一説には大阪人の「いらち（せっかち）」な性格が関係しているといわれている。

また、商人の町だけに損得の意識が強いからという説もある。同じ料金を支払っているのだから、立っているより座ったほうが得という発想らしいが、どちらの説が正しいのかは不明である。

社内訓練

JR西日本が行なう風変わりな訓練法とは？

鉄道会社は人命を預かる企業。乗客の安全にかんしては、少しのミスも許されない厳しい業界である。それだけに、各社とも従業員の教育や訓練を熱心に行なっている。

関東を中心に事業を展開するJR東日本では、十数か所の訓練センターを設け、本番さながらの訓練を実施。福島県白河《しらかわ》市にある「JR東日本総合研修センター」では人材開発や知識・技術向上のための集合研修を行なっている。ここで注目すべき設備は、1台3億円もする運転台シミュレータだ。

このシミュレータは、通常の運転操作だけでなく、濃霧《のうむ》などの天候状況の変化や、線路に物が落ちてくるなどの突発的な出来事が起こるようにプログラミングされており、単なるシミュレーションとは異なる実践的な訓練をとおして、対処法を学ぶことができる。

また、訓練センターのなかで最大規模を誇《ほこ》る大宮総合訓練センターには、660メートルの線路と3つの模擬駅のほか、単線や複線、信号機や標識類、踏切など、さまざまな鉄道設備が整えられている。

ここにも乗務員向けのシミュレータがあり、映像によって天候や昼夜を自由に変えたり、過去に起きた事故や危険な事例を再現したりして、自分の弱点を知ることができる。

関西も負けてはいない。大阪府吹田《すいた》市にあるJR西日本の「社員研修センター」には、旧国鉄時代の実習線を11億円かけて改良した、若手社員向けの「新実習線」が設けられている。

この実習線は在来線用800メートルと新幹線用90メートルがあり、事故への対応はもちろん、小型車両を使った車両の連結や、線路の補修・延長、駅舎・信号機・遮断機などの増設工事の実習などにも利用されている。

さらにJR西日本では、タカラトミーの鉄道玩具《がんぐ》「プラレール」を使った乗務員の養成や緊急時の訓練も実

施している。実在する駅の精巧《せいこう》なジオラマをプラレールで組み立て、若手社員らがプラレールの動きにたいして指示を与えたり、異常時の対応などを実践さながらに行なうのだ。

一見、遊んでいるように見えても、本人たちは真剣そのものである。子供のころに遊んだプラレールを使った訓練は、視覚的に意識付けする効果が高く、学んだことが頭に入りやすいという。

エスカレーター

関西では右側に立ち、関東では左側になった事情

大阪に新幹線で出張した東京のサラリーマンは、新大阪の駅で降りて地下鉄へ向かうエスカレーターに乗るとき、大きなカルチャーショックを受ける。人がエスカレーターの右側にズラリと立ち並び、急ぐ人は左側をスイスイ歩いている……。東京とはまるで反対の通行ルールに驚きを覚えるのだ。

日本全国のエスカレーターにおける右立ちと左立ちの分布を調べてみると、大阪流の右立ちに統一されているのは、大阪をはじめ神戸、奈良、和歌山の関西圏と仙台である。

これにたいし、左立ちは東京をはじめとする東日本の各都市と札幌や福岡など、ほぼ全国的に分布している。つまり、日本では左立ちが圧倒的に多いのだ。

この習慣については、江戸に武士が多かったことが関係しているといわれる。武士は刀を左腰に差していたため左側を歩く習慣があり、それが定着したという説があるのだ。

しかし、この説は信憑性《しんぴょう》が低い。東京で左立ちが定着したのは1990年代のことされており、武士の習慣が平成の世にまで受け継がれていたとは考えにくいのである。

そこで有力視されるのが、人は歩行するさい自然と左側に寄る、という心理的な法則だ。

通常、「人は右、車は左」とされており、道路交通法では「歩行者は歩道と車道の区別のない道路では、道路の右側端によって通行しなければならない」と定められている。

しかし駅構内や地下道などでは、この法律の原則からは外《はず》れているため、左側を歩いても問題はない。すると、人はなぜか左側を歩きたい気持ちになるらしく、いつの間にか左側通行の習慣が全国的に定着してしまったというのである。

では、なぜ大阪周辺だけが右側に立つのか。一説によれば、かつて大阪には右手に風呂敷包《ふろしきづつ》みを抱える商人が多く暮らしており、彼らは包みを奪われないように右側に立った。その名残《なごり》から関西圏は右立ちになったといわれている。しかし、本当のところ、右立ちの習慣が生まれたのは昭和45年（1970）に開催された大阪万博がきっかけとされている。

当時、大阪には全国各地から大勢の人が訪れた。阪急電鉄は混乱を避けるための方策をあれこれ考え、「エスカレーターでは左側を空けてください」とアナウンスすることにした。なぜなら、ヨーロッパをはじめ世界各国が右立ち・左空けだったからである。

すると、それがそのまま関西地方で定着し、今に残っているのだという。日本では局地的な習慣だが、じつは「大阪流右立ち」は世界標準だったのである。

ただし同じ関西でも、京都だけは勝手がちがう。JR京都駅ビルや地下鉄の京都駅などでは、左だったり右だったりと、時間や場所によってバラバラなのだ。日本中から観光客が集まる古都の玄関口らしい状態といえるだろう。

「ミュースカイ」へ代替わりした名鉄の看板車両

名古屋を中心に愛知県と岐阜県南部の交通の大動脈となっているのが名古屋鉄道、通称「名鉄《めいてつ》」だ。

中部圏では最大の私鉄で、運輸、海運、航空、流通事業などを展開する名鉄グループの中核企業でもある。

その名鉄のシンボルといえば、昭和36年（1961）にデビューした「パノラマカー7000系」。日本ではじめて前面展望車両を採用した7000系は、運転席が2階にあり、客席は最前面に押し出されている。そのため、運転士の気分を味わうことができた。

スカーレット（黄味がかった赤色）の鮮《あざ》やかな車体や、ホームで流れる「パラララ」というミュージックホーン（警《けい》笛《てき》）など、斬新《ざんしん》なスタイルが子ども連れなどの家族層に好評を博した。

ところが、この7000系が平成20年（2008）12月26日を最後に、定期運行を終了することになった。

50年近く走り続けたため、老朽《ろうきゅう》化や燃費の悪さが運行するうえでのネックになったとされる。その後は一部が団体イベント列車や貸切列車として利用されていたが、翌年8月30日をもってすべて姿を消してしまった。

鉄道ファンにとっては残念な話だが、7000系に代わって名鉄の顔になったのが「2000系（ミュースカイ）」だ。

平成17年（2005）、中部国際空港（セ

名鉄2000系
ミュースカイ

ントレア）へのノンストップ特急として登場したミュースカイは、空と海をイメージした青と白の車体カラーで、「青と白と水の透明感」をそのコンセプトとしている。

最高運転速度は時速120キロに達し、名古屋―中部国際空港間を最速28分で結ぶ。1日あたりの輸送人員にかんしても、予想を上回る数字をあげている。

名鉄の看板車両としての役割は、いまここにパノラマカーからミュースカイへと引き継がれた。今後はミュースカイが名鉄の牽引《けんいん》役となっていくだろう。

名鉄豊橋駅が「肩身のせまい」思いをしている理由

先の項目でも述べたように、名古屋鉄

道（名鉄）は名古屋を中心とした中京圏に広大な路線網を持ち、交通の大動脈となっている大手私鉄。その名鉄のターミナル駅のひとつである豊橋《とよはし》駅は、なんとも不思議なしくみになっている。

どういうことかというと、豊橋駅の名鉄のホームはＪＲのホームを間借《まが》りしているのだ。

通常、大手私鉄の始発駅やターミナル駅は大規模なつくりになっている。阪急梅田駅の線路は３路線で合計９本、東急東横線渋谷駅の線路は１路線だけで線路が４本もある。

ところが、名鉄の豊橋駅は1本の線路しか割り当てられていないのだ。

そのため、豊橋駅に到着した列車は数分以内に折り返さなくてはならない。また、発着する列車も快速特急、特急、急行に限られており、普通列車の発着はない。「発着本数は1時間に最大６本」という制約があるからだ。

名鉄は私鉄大手であるにもかかわらず、豊橋駅はなぜ、このような状況に陥《おちい》ってしまったのだろうか。

もともと豊橋駅は、明治21年（１８８８）に官設鉄道（のちの国鉄、現在のＪＲ）の駅として開業した。

名鉄の前身である愛知電気鉄道は１９２０年代後半に豊橋への進出を考えていたが、すでにＪＲ飯田線の前身である豊《とよ》川《かわ》鉄道が豊橋に乗り入れていた。

そこで愛知電気鉄道は、豊川鉄道との提携を画策《かくさく》。運転が重なる区間に線路を建設、豊川鉄道の線路と合わせて複線とし、両社が共用することにして、豊橋駅への乗り入れを実現させたのだ。

その後、愛知電気鉄道は昭和10年（1935）に名岐《めいぎ》鉄道と合併して名鉄になる。いっぽう、豊川鉄道は昭和18年（1943）に戦時政策のために買収・国有化され、現在の飯田線となった。そして、両社の線路共有の協定も存続することに決まった。

こうして、豊橋駅の名鉄の路線は、JR東海道本線とJR飯田線にはさまれて3番線の1本しか割り当てられないことになったのだ。

選手と共にナゴヤドームへ！「ドラゴンズ・トレイン」の魅力

プロ野球球団の経営や応援に熱心な企業というと、読売ジャイアンツの親会社である読売新聞社や、阪神タイガースの親会社である阪神電鉄などが思い浮かぶことだろう。

だが、中日ドラゴンズのスポンサーをつとめる名古屋市交通局やイオンリテール株式会社も忘れてはならない。

なにしろ両社は、球団とコラボレートして、ドラゴンズの選手の顔が車両の内外に飾られている「ドラゴンズ・トレイン」を毎年走らせているのだ。

ドラゴンズ・トレインは、名古屋市営地下鉄名城《めいじょう》線を走る。落合博満《ひろみつ》監督をはじめ、13人の主力選手のプレー写真で車両が飾られているほか、車内には選手のポスターやプロフィール、ステッカーなどが貼られている。

名古屋市営地下鉄
ドラゴンズ・トレイン

さらに名城線ナゴヤドーム前矢田《やだ》駅とドームをつなぐ約150メートルの連絡通路の両側の壁には「ドラゴンズロード」を設置している。この通路には、現役選手の写真やコメント、過去の優勝の時の写真などが所せましと貼られており、ドームに入る前からドラゴンズファンのテンションを高めてくれる。

ドラゴンズ・トレインとドラゴンズロードは、ペナントレース期間だけのイベントなので、プロ野球オフシーズンには休みとなる。

現在では、野球ファンはもちろん、鉄道ファンにとっても楽しみなイベントのひとつになっており、野球シーズン中、名古屋の街は、ドラゴンズ一色に染められるというわけだ。

3

似てるようで大違い！車両のヒミツ、教えます。

西で活躍する「5ドア車」
その驚きの仕掛けとは?

車両の色

中央線がオレンジ色、御堂筋線が赤で塗られた理由

電車は、路線別にそれぞれの色（ラインカラー）が決まっており、車両にもその色が塗《ぬ》られていることが多い。車両がみな同じ色だと、ラッシュ時などに乗りたい電車をまちがえる利用客が続出し、混乱が生じてしまう。そうした事態を防ぐため、路線を色で判別できるようにしているのだ。

しかし、車両の色には、この理由以外にも深い意味合いが込められている。

たとえば、平成22年（２０１０）秋に姿を消した関東のＪＲ中央線快速電車２０１系の車両の色はオレンジだったが、これはラッシュ時の乗客の心を穏《おだ》やかにしようとする狙いがあった。混雑できゅうくつな思いをしている乗客に、明るいオレンジ色の視覚効果によって、ストレスを少しでも緩和《かんわ》してもらおうというわけだ。

というのも、中央線快速電車の車両がオレンジ色に塗られるようになった昭和32年（１９５７）当時は、通勤通学ラッシュがすさまじく、混雑率３００パーセントというひどい状況だった。混雑率２５０パーセントで、乗客は「手を動かすこともできない状態」になるというから、どれほどの混雑ぶりか想像できるだろう。

JR大阪環状線103系

オレンジ色に塗り上げられた車両は、ラッシュにたいする乗客の不満解消に貢《こう》献《けん》し、さらには「金魚」という愛称がつけられるほど親しまれることになった。国鉄（当時）の作戦は、見事に成功したのである。

関西でも、ＪＲ大阪環状線にオレンジ色の車両が導入されている。こちらは「明るいイメージならオレンジ」ということで採用されたという。現在はオレンジ一色というわけではなく、スカイブルーやウグイス（黄緑）色の車両も走っているが、どれも華《はな》やかで明るい色なので、コンセプトは変わっていないといえる。

しかし、関西にはオレンジの車両以上に強いインパクトを発している路線がある。大阪市営地下鉄御堂筋《みどうすじ》線だ。

御堂筋線のラインカラーは赤。これは「大阪の大動脈」であるという自負心から決めた色だという。アピール上手の関西らしい発想といえるだろう。

車両の素材

東も西も、ステンレスやアルミの車両が大ブーム！

電車を走らせるには、電力が必要になる。しかし当然ながら、その電力を得るには費用がかかり、環境にも負荷《ふか》をかけることになる。そのため鉄道業界では、「少ない電力で電車を走らせよう」とする試《こころ》みが多くなされてきた。

たとえば「車両の軽量化」だ。車両を軽くすることができれば、走行に必要な電力が減って省エネとなる。さらに、加速・減速といった機能性もアップする。

では、どうやって軽量化を実現するかというと、従来のように鋼鉄を素材とせず、ステンレスやアルミニウム合金を用いる。これらの素材は、軽いうえに鋼鉄と同じ強度を保つことができるのだ。

日本初のステンレス車は関東に登場した。昭和33年（1958）に製造された東急電鉄5200系である。この車両は、骨組みこそ鋼《はがね》を使っていたものの、外板は

東急5200系

ステンレスでつくられていた。東急電鉄は、その4年後の昭和37年（1962）に、骨組みも外板もすべてステンレス製にした7000系の製造を開始している。

また営団地下鉄（現在の東京メトロ）では、昭和36年（1961）に日比谷《ひびや》線を開業するさい、同線にステンレス車（3000系）を導入している。

いっぽう、関西でも、アルミニウム車を導入しており、南海電鉄、阪神電鉄、山陽電鉄などではステンレス車が走っている。

このように、現在は関東、関西ともに、ステンレス・アルミニウム車全盛の時代なのだが、その外観は東西で大きく異なっている。

関東の場合、ステンレス車もアルミニウム車も、みな同じような銀色の車体をしており、なんとなく冷たいイメージを抱《いだ》かせる。しかし関西では、ＪＲの一般車両以外は、そのほとんどが路線別のラインカラーなどの塗装を施《ほどこ》した温かみのある車体になっている。そのため、ひと目見ただけで「あっ、あれは南海の電車だ！」と認識できる。

電車の〝見てくれ〟で自社の個性を出すことにこだわるのが、関西流といえるかもしれない。

車両の寿命

東で〝消えた〟車両が西で走り続ける不思議

電車の車両の耐用年数は、通常20〜30年以上といわれている。税務上の減価償《しょう》却《きゃく》期間として認められているのは13年間なので、14年目以降は、税制上では経費として計上することができない。

ただし、その車両を使ってはいけないというわけではないから、14年目以降も使い続けるかどうかは、各鉄道会社の判断に任されている。

面白いのは、車両の寿命にかんする考え方が、ＪＲ東日本とＪＲ西日本でまったく異なることだ。

ＪＲ東日本では、ある一定の使用期間を決めておき、それを過ぎると、いっせいに新型車両に置き換える。これは、新技術を駆使《くし》してつくられた新型車両のほうが、古いものよりも格段に性能がよい、という考えにもとづいたものだ。つねに最新技術を取り入れるように努力しているともいえる。

いっぽう、ＪＲ西日本では「使えるうちは、メンテナンスをして大事に使う」という考えを基本にしている。つまり、私鉄との競争が激しい路線や、混雑がひどい路線には新型車両を投入するが、それ以外の路線は、内外装をきちんと整備して、古い車両を極力長く使うようにしているのだ。

そのため、関東ではまったく見かけない古い車両が、関西では現役で走っているということがよくある。たとえば、旧国鉄時代に製造された１０３系の電車は、関東には１両もないのに、関西では４００両以上走っている。

また、昭和３年（１９２８）に製造された阪堺《はんかい》電気軌道の路面電車「モ１６１形」が、いまも現役で走っている。屋根の強度が足りず、クーラーを取り付けることができないため、夏のあいだは、ほぼ車庫に入れられているが、定期運用される電車としては現役最古の車両だ。

点検車両

新幹線の安全を守る「ドクターイエロー」と「イースト・アイ」

なかなか目にすることができないとなると、なんとしてでも見たくなるのが人の性《さが》というものだ。そんな鉄道ファンの心をくすぐり、ひそかな人気を集めているのが「ドクターイエロー」という名の新幹線である。

その人気ぶりは、オモチャからもうかがえる。タカラトミーの鉄道玩具《がんぐ》「プラレール」には、新幹線が13種類（平成22年10月現在）あるが、ドクターイエローの人気は、東海道・山陽新幹線の最新型車両であるＮ７００系と肩を並べるほどなのだ。

では、このドクターイエローとはいったいどんな車両なのか。

ドクターイエローは、その名のとおり黄色い車体の新幹線で、走行しながら線路のゆがみや架線の状態を点検する役目を負っている。レーザー光（1秒間に１５００回照射）を電線や線路にあて、数ミリ単位でゆがみがないかどうかを確認したり、パンタグラフの状態を小型カメラで写し、車内に設置された管制室のモニター画面で異常がないかどうかをチェックする。

その点検項目は約１５０にも及んでおり、こうした精密な点検を行なっているか

ドクターイエロー（上）とイースト・アイ

らこそ、どれだけ高速で走っても新幹線に大きな事故が起きないのだ。

東京―博多間を走っているので、関東でも関西でも目にするチャンスはあるが、走行するのは約10日に一度と少ないうえ、営業時間外の走行になるため、黄色い姿を見るのはなかなかむずかしい。運よく見ることができた人は、幸せになれると噂《うわさ》されるほどレアな存在なのだ。

いっぽう、関東より東方面の新幹線の安全点検を行なっているのが「イースト・アイ」である。

イースト・アイは、ドクターイエローと同じタイプの車両で、車体は赤と白のツートンカラー。最高時速は275キロとドクターイエローよりも5キロ速い。

こちらも10日に一度の走行だが、イースト・アイは東北・上越・長野の3つの新幹線経路を点検しなくてはならないため、いったん走行がはじまると12時間走り続けることになる。

ドクターイエローのほうが先輩格だが、走行距離ではイースト・アイのほうが長い。若い（？）ゆえに、なかなかの働き者なのである。

エコ車両 東西で技術を競い合う「ハイブリッド車両」の凄さとは？

現在、世界では、地球温暖化の影響でエコブームが起きている。温室効果ガスを少しでも削減しようと、自動車では燃費のよいハイブリッド車が人気となっており、電気自動車の実用化も視野《しや》に入ってきているほどだ。

鉄道業界でもエコへの関心は高い。平成19年（2007）には、関東を中心に事業展開するJR東日本が、世界初の実用ハイブリッド車両「キハE200形」を開発している。

この車両は、発電用ディーゼルエンジンによって発電した電気を利用して走り、走行中に車輪の回転によって発生したエネルギーを蓄電池《ちくでんち》に充電しておくことも可

JR東日本キハE200形

能。その結果、従来よりも約10パーセントもの燃料を節約できるのだ。

また、これまでのディーゼルエンジンは、回転数を低くすると不完全燃焼となり、有害な排出物が増えることがネックとされていたが、キハＥ２００形のエンジンには排気ガス対策機構がついているため、排出物についても心配する必要はない。

キハＥ２００形は現在、山梨県の小淵《こぶち》沢《ざわ》駅から長野県の小諸《こもろ》駅を結ぶＪＲ小海《こうみ》線のみで使用されているが、平成22年（２０１０）秋からは、新型リゾートトレインとして、このＥ２００形と同様のハイブリッドシステムを搭載したＨＢ－Ｅ３００系が大糸《おおいと》線で運行され、同年冬にも、津軽線、大湊《おおみなと》線、五能《ごのう》線での運行が予定されている。緑豊かな路線で、環境にやさしいエコ車両を走らせようという狙いだ。

このように、エコ車両ではJR東日本が一歩先んじているかたちだが、関西を中心に事業展開するJR西日本も、エコ車両を導入した。平成22年11月、大阪と北近畿・山陰を結ぶ特急「はまかぜ」に、キハ189系気動車を投入したのだ。

この車両は、排気ガス中の窒素《ちっそ》酸化物や煤煙《ばいえん》などを低減するエンジンを搭載しているのが特徴で、最高運転速度は時速130キロと、スピードも十分に出すことができる。車体のデザインは、銀色のボディに赤と白の2色カラーの帯。モダンなエコ車両が疾走すれば、人々の環境意識もきっと高まることだろう。

ドアの数

西で活躍の5ドア車、その驚きの仕掛けは？

人波によって車内の壁面に叩《たた》きつけられてケガをしたり、隣り合う人とぶつかってケンカになったり……。都市圏で電車を利用する人の多くは、毎日の通勤ラッシュにうんざりしていることだろう。

こうした電車の混雑対策として開発されたのが「多ドア電車」。文字どおり、通常よりもドアが多く設置されている電車である。

一般的に、ドアを多くすると、それだけ座席数が減ることになるので、車中での快適性という面ではマイナスになる。そのため、特急電車のような長旅タイプの電車の場合、1両にドアはひとつ、もしくはふたつしかついていない。しかし、通勤電車における混雑時の大量輸送を可能にするには、ドアの数を増やすのが最適であると判断されたのだ。

多ドア電車にはいくつかの種類があるが、なかでも関東では6ドア車、関西では5ドア車が特徴的である。

平成に入ってから登場した6ドア電車は、現在、JR東日本の山手線《やまのて》や京浜東北《けいひん》線、横浜線、中央・総武線各駅停車、埼京線《さいきょう》・川越線《かわごえ》（りんかい線）、私鉄では東急田園都市線が採用している。

ラッシュ時はすべての座席を折りたたみ、そこにできたスペースにも乗客を乗せる（ただし、山手線を除く）。これによって輸送人員が増え、客と客のあいだに余裕が生まれるというメリットが期待できるのだ。

いっぽう、関西で活躍する5ドア電車は、京阪《けいはん》電鉄が採用している。ドアの数では、6ドア電車よりひとつ少ないものの、6ドア電車よりも20年以上早い昭和45年

京阪5ドア車の座席のしくみ

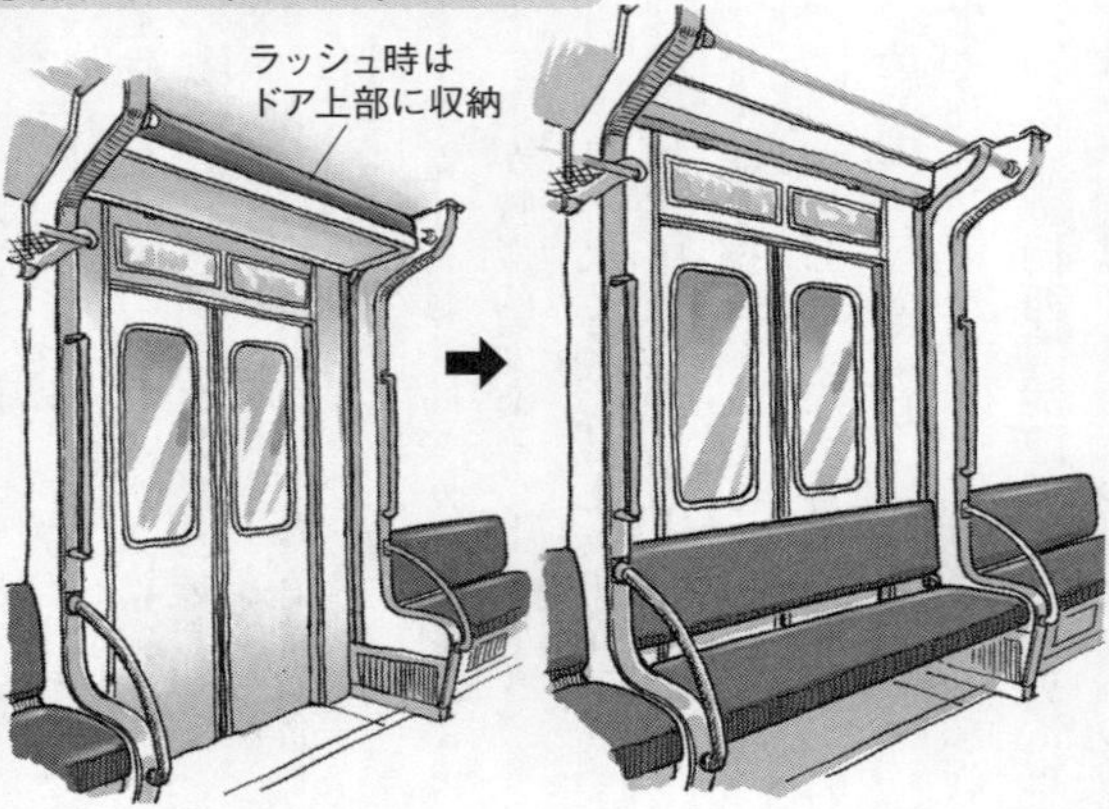

（1970）には、すでに導入されていた。

6ドア電車との最大のちがいは、ラッシュ時でも座席を撤廃《てっぱい》しないこと。しかも、ラッシュ以外の時間帯には、さらに座席が増えるのである。

では、京阪電鉄の5ドア電車はどんなつくりになっているのか。種明かしをすると、ラッシュ時は5つのドアをすべて使用するが、ラッシュ以外の時間帯にはふたつのドアを閉め切って3ドア電車として使うのである。閉め切られたドアの上部には座席が収納されており、それが降りてくるため、座席数が増えるというしくみだ。

ちなみに、山手線の6ドア電車は、ホームからの転落事故防止を目的とする可動式ホーム柵（ホームドア〈139ページ参照〉の一種）の設置にともない、じょじょに数を減らしており、平成23年（2011）夏には全廃される予定になっている。

だが、京阪電鉄の5ドア電車はいまなお現役で、評判も上々だ。今後も混雑対策として重宝《ちょうほう》されることだろう。

編成数

鉄道会社を問わず、共通する東西の違いが！

関東と関西での電車の編成数をくらべてみると、圧倒的に関東のほうが多い。人口が多いため、一度に大量の乗客を輸送しようとすると、どうしても車両の編成数を増やさなければならないからだ。

たとえばJR東日本では、在来線であっても東海道本線（東海道線）、横須賀線、総武快速線、東北本線（宇都宮線）、高崎線、常磐《じょうばん》線などが最大15両編成での運転を行なっている。

関西ではどうかというと、JR西日本でもっとも編成数の多い在来線は東海道本線、山陽本線の新快速と快速だが、最大12両しかない。関東の15両とは大きな差である。仮に1両の長さが20メートルだとすると、関東と関西の電車では3両分、60

メートルもちがうことになる。

この傾向は私鉄でも同じ。関東の私鉄でもっとも多いのは、京浜急行電鉄の12両編成だ。

いっぽう、関西の私鉄でもっとも長い車両が走るのは、近鉄の奈良線と大阪線、阪急電鉄の神戸本線と宝塚本線、南海電鉄の高野《こうや》線、泉北《せんぼく》高速鉄道、大阪市営地下鉄の御堂筋線。鉄道会社ごとに若干、車両の長さが異なるため、全長も微妙にちがってくるものの、どれも10両編成。私鉄にかんしても、関東と関西では2両の差があるというわけだ。

また関東では、車両が満員になって、乗りたくても乗れない乗客がたくさん出たときに、苦肉《くにく》の策を実施するケースもある。

基本的に、どんなに車両編成を増やしたとしても、到着駅のホームより長くはできないため、編成の最大値はおのずと決まってしまう。だが、ホームの長さよりも長い編成の電車を走らせたい場合、「閉め切り扱い（ドアカット）」と呼ばれる方法を使うことで問題をクリアしているのだ。

たとえば、京浜急行本線では6両編成の電車が走っているが、梅屋敷《うめやしき》駅ではホームの長さが4両分しかないので、2両分がはみだしてしまう。同じく東急大井町線では戸越公園駅《とごし》で2両、九品仏駅《くほんぶつ》で1両がはみだし、JR横須賀線の田浦駅《たうら》では1両全部と2両目の最前部、江ノ島電鉄の腰越駅《こしごえ》では1両がはみだす。

こうした場合に「閉め切り扱い」を使うのだ。つまり、ホームからはみだしている車両のドアを開かないようにして、その車両から乗り降りさせないようにするのである。

いわれてみれば当たり前のことではあるが、なかなか賢いアイデアだともいえるだろう。

製造工場 鉄道車両は、関東より関西で多くつくられていた!

世界に冠《かん》たる技術大国の日本は、鉄道車両のほぼ100パーセントを国内で生産している。明治時代は海外から輸入していたものの、大正時代以降は国産が主流となり、現在はおもに鉄道車両メーカー8社が製造を請け負《う》っている。

具体的にどんなメーカーがあるかというと、アルナ車両(大阪府摂津市《せっつ》)、川崎重工業(兵庫県神戸市)、近畿車輛《しゃりょう》(大阪府東大阪市)、東急車輛製造(神奈川県横浜市)、日本車輛製造(愛知県名古屋市)、日立製作所(山口県下松市《くだまつ》)、新潟トランシス(東

京都中央区）、新津《にいつ》車両製作所（新潟県新潟市）などで、8社のうち3社が関西圏にある。鉄道車両の製造にかんしては、関西のほうがさかんなのである。

このうち、新津車両製作所はJR東日本の自社工場。JR西日本、JR東海など他のJR各社や大手私鉄は直営の工場を持っていないが、JR東日本だけは自社工場で思いのままに車両を製造できるわけだ。

また、JRの車両だけでなく、相模《さがみ》鉄道や東急電鉄、都営地下鉄、小田急電鉄など他社の車両をつくっている点も特徴的だ。

自動車とちがってメーカーごとのデザインの差異がないぶん、これまでの鉄道車両には「JR東日本らしい」とか「阪急電鉄風」というように、その鉄道会社の個性が反映されるケースが多かった。

ところが最近は、コスト削減の必要性から、既存《きそん》車両をベースにして、カラーやドアのデザインを少しだけ変えるというやり方をとることが増えている。ベースを同じにすれば、それだけ材料の大量仕入れが可能だし、部品も大量生産できて効率がいいからである。

もっとも、「東急電鉄スタイルの電車が好き」というように、お気に入りの車両がある鉄道ファンは、こうした最近の傾向を少し残念に思っているという。

信号機 過密ダイヤの〝守り神〟は東でハイテク化が進む

日本の電車は「分単位」の過密スケジュールでも、ほとんど遅れることなく運行している。「電車は時間に正確だ」と日本人は信じて疑わないが、外国では「電車は遅れて当たり前」くらいに思っている人も少なくない。

ではなぜ、日本の電車はここまで正確なのか。それは緻密《ちみつ》に練り上げられた運行スケジュールと、運転士をはじめとする鉄道マン、鉄道ウーマンの努力の賜物《たまもの》とい

リアルタイム信号機

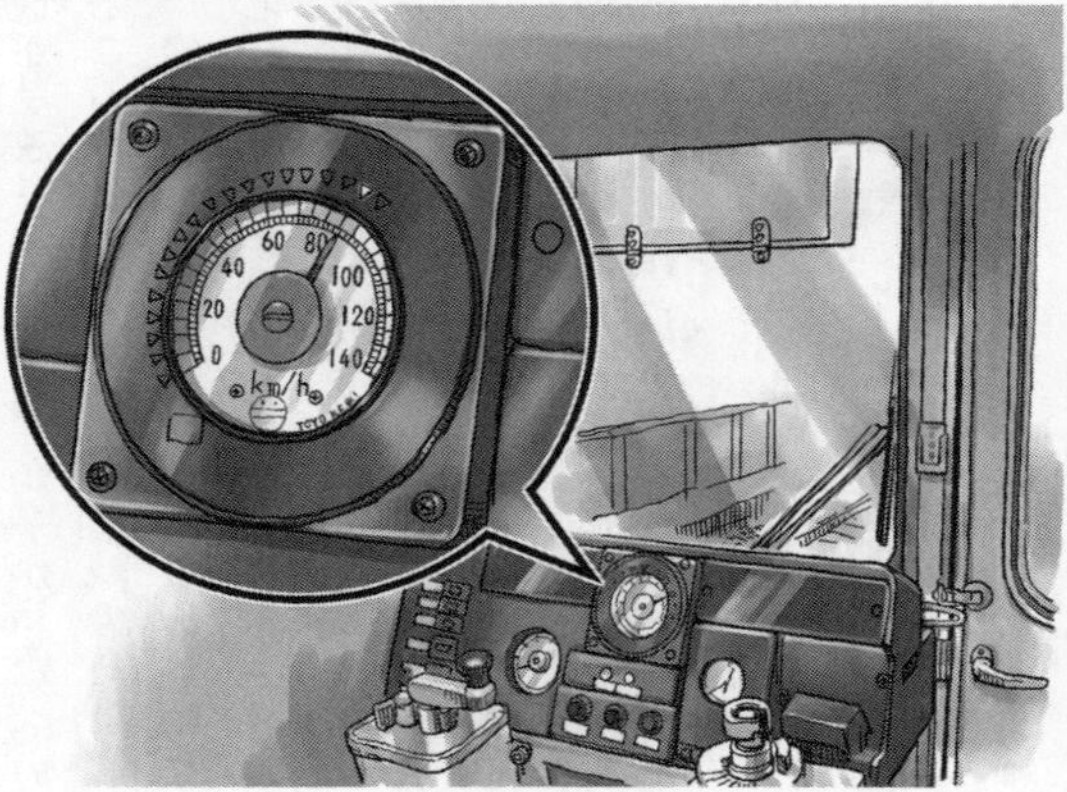

えるが、進化し続けているハイテク技術の存在も忘れてはならない。

そのハイテク技術のひとつが信号機だ。

通常、鉄道用の信号機は線路脇に設置されており、赤や青（緑）、黄色の表示によって、電車がそのままのスピードで進んでいいのか、減速が必要か、一時停止かなどを運転士に伝える。

しかし、関東のＪＲ山手線や京浜東北線、東急田園都市線などが利用している信号機は、よりすぐれた機能を備《そな》えている。なんと、前の電車や次の駅との距離を自動計測し、「時速何キロまでなら出してもよい」などと、こと細《こま》かに指示を送ってくれるのだ。

このリアルタイム信号機は、線路脇で

はなく電車内の運転台に設置してある。スピードメーターの外側に最高速度が表示されるしくみになっており、万が一、この速度よりもスピードを出すと、警告音とともに自動で非常ブレーキがかかる。

もともとは線路脇の信号機を読み取ることができない新幹線のようなハイスピード電車が、このタイプの信号機を利用していた。だが最近は、運行スケジュールが以前よりも過密になり、より効率的な運転を行なう必要が出てきたため、在来線でも採用する路線が増えているのである。

では、関西の信号機事情はどうなっているのか。

山手線と同じく環状運転をしているJR大阪環状線は従来の信号機のままだ。大阪環状線は、山手線にくらべて一周にかかる時間が短く、乗客数も少ないなどの理由があると考えられる。

こうして見ると、信号機のハイテク化という面では、関東のほうが進んでいるといえそうだ。

もっとも、古き良き伝統を大切にする関西の感覚からすれば、線路脇の信号機も風情《ふぜい》があってよいのかもしれない。

バスなのに「鉄道」?!
ガイドウェイバスの正体とは

ナンバーワンよりもオンリーワンがいい……という曲が少し前に流行《はや》ったが、名古屋には日本中探してもたったひとつしかないと思われる不思議な鉄道がある。「ガイドウェイバス」だ。

ガイドウェイバスとは、見た目はバスにそっくりなのに、正式に鉄道として承認されているというもの。

通常は大曽根《おおぞね》―小幡緑地《おばたりょくち》間の6・5キロ（志段味《しだみ》線）を走っているが、小幡緑地をすぎて中志段味、高蔵寺《こうぞうじ》方面へ向かうときは、一般の自動車道路を走る。

コンクリートの道を鉄道車両が走るなど考えにくいが、いったいどんなしくみになっているのだろうか。

じつは、ガイドウェイバスは軌道とバスのふたつの交通モードを兼《か》ね備《そな》えた車両なのだ。

まず志段味線区間では、道路中央の分離帯に設《もう》けられた、左右の道路よりも一段高く盛り上がったガイドレールを走る。このとき、車体の四隅《よすみ》には自動的にゴム車輪が出てきて、ガイドレールの左右をバスの車輪がはさみこむかたちになる。

したがって、ガイドレールを走っているあいだは、ハンドル操作はいらない。スピードをコントロールするアクセルとブレーキのみの運転になる。

そしてガイドレール区間が終わると、ゴム車輪が自動的に収納され、ふつうのバスと同じように自動車道路を走る。

ガイドウェイバス
志段味線

自動車道路を走る区間はバスとなり、ガイドレールを走る区間は鉄道となるわけだから、運転士はどちらの運転免許も必要だ。

このガイドウェイバスが誕生したのは平成13年（2001）と、まだ比較的新しい。ラッシュ時の渋滞がとくにひどい区間をガイドレール方式にすれば、スムーズな運行が可能になるとの発想から生まれたものだ。

現在、通常の時間帯は10分間隔《かんかく》で、ラッシュ時には2～5分間隔で運行されており、名古屋市民の重要な足として活躍している。「道路は混雑しているのに、ガイドウェイバスならスイスイと走っていく」と、乗客からはとても評判がいい。

新交通システムというと、東京を走る

ゆりかもめ（東京都臨海《りんかい》新交通臨海線）が有名だが、こうしたAGT方式（自動運転によって案内軌条《きじょう》を走行する方式）の新交通システムの導入には大がかりな鉄道敷設《ふせつ》が必要となり、費用がかさむ。

その点、ガイドウェイバスは、ちょうどバスと新交通システムの中間タイプのようなものなので、最小限の投資で運行できる。

いまはまだ普及が進んでいないが、今後、全国への拡大が期待される。

案内板に秘められた名鉄名古屋駅の〝サービス精神〟

乗り慣れない方面の電車に乗るとき、つぎの電車の車両編成がわからない。停車位置だと思って並んでいたら、そこには電車が停まらず、あわててホーム中央の位置まで駆《か》け寄って乗車した……。鉄道駅でよく見られる光景である。

名鉄《めいてつ》名古屋駅には、こうした混乱を防ぎ、鉄道に不慣れな人にもひと目でわかる案内板が存在する。

名鉄は岐阜―名古屋―豊橋《とよはし》間を結んでいる路線を本線として、各方面にいくつもの路線網を広げている。そのため、名鉄名古屋駅を通る電車の行き先は20を超え、はじめて名古屋を訪れた人は、多くの場合、混乱してしまう。

そこで名鉄名古屋駅は、乗客の乗りまちがいを防ぐために工夫をこらした。ホームに行き先表示案内板を設置し、その案内板があるところに並んでいれば、お目当ての電車に乗れるというしくみをつくったのだ。シンプルだが、じつによくできた誤乗車防止策である。

　名鉄名古屋駅がこうした独特のしくみを採用した理由は、駅の構造にある。もともと名鉄名古屋駅にはホームが3つしかない。そのうち真ん中のホームは特急電車の乗車専用、普通電車の降車専用になっているため、普通電車の乗り場ホームは実質的にふたつに限られる。

　それなら駅のホームを拡張すればよいのだが、地下にあることや、近鉄名古屋駅と隣接していることなどから拡張はむずかしい。

　ふたつのホームには20以上の行き先の異なる電車が入っては発車していく。そのため、同じホームを使う場合でも、行き先に応じて電車の停まる位置をズラすことで、乗客に行き先がすぐにわかるようにしたのだ。

鉄道ファンの新たな聖地が名古屋にオープン間近！

　鉄道博物館といえば、第1章で紹介した関東の鉄道博物館や、関西の交通科学博物館が有名だが、平成23年（2011）春には、総工費約55億円の新たな鉄道ミュージアムが名古屋市港区の金城ふ頭にオープンする。「リニア・鉄道館〜夢と想い出のミュージアム〜」だ。

延べ床面積1万4100平方メートルの館内には、39両の幹線・在来線実車などが展示される予定で、ほかにもN700系新幹線の実物大モックアップによる運転シミュレータや在来線の運転・車掌シミュレータ、精密で立体的なジオラマ、50人収容のシアターなどが完備されるなど、鉄道ファンには垂涎《すいぜん》の的《まと》の内容といえるだろう。

そのなかでもとくに注目されるのが、平成15年（2003）に超電導リニア方式による鉄道世界最高時速の581キロを記録した「MLX01形式超電導リニア車両MLX01-1（平成7年製造）」の展示だ。2027年に東京都内—名古屋間の運転開始をめざしている世界最速列車の実車を見学できるとあって、心待ちにしている人も多い。

さらに、蒸気機関車の目玉展示物は日本最大の旅客用蒸気機関車「C62」だ。写真や国鉄OBの証言をもとに塗装《とそう》し直し、当時の姿でお目見えする。

近未来の主力として期待されるリニアモーターカーから、古き良き時代の蒸気機関車までが展示されるニュータイプの総合鉄道博物館。名古屋の観光名所がまたひとつ増えることになる。

4
西も東もバラエティ豊か！
めっちゃオモロい路線たち

「車両も乗務員もいない鉄道会社」が
西にも東にもある！

山手線と大阪環状線

ともに円を描いて走るが その性格は、まったく異なる！

東京と大阪、どちらの都市にも輪になった線路をグルグルと回っている電車がある。ＪＲ山手《やまのて》線とＪＲ大阪環状線だ。

山手線は一周34・5キロメートルを最速59分、平均64分で回る。東京、上野、池袋、新宿、渋谷、品川などのターミナル駅を結ぶ輪を、内回りと外回りでひたすら環状運転しており、折り返し運転はない。

いっぽう、大阪環状線は一周21・7キロを40〜41分で回る。旧市内の外周部を一周しているが、環状運転を行なう電車は3分の2ほどで、東半分だけを行ったり来たりする折り返し運転がある。

このように、山手線と大阪環状線は同じ環状路線ではあるが、異なる点がいくつか存在する。

まずは外観だ。山手線の車両はすべて、銀色の車体にウグイス（黄緑）色の帯《おび》が入ったＥ２３１系に統一されている。大阪環状線はオレンジ1色の２０１系のほか、ウグイス色、スカイブルーもあり、バラエティ豊かで、いくら見ていても飽きない。

東京の都心部で環状運転を行なっているJR山手線

つぎに乗り入れである。山手線では他の路線からの乗り入れが行なわれていないが、大阪環状線ではＪＲ関西本線、ＪＲ阪和《はんわ》線の乗り入れがあり、関西本線は奈良方面を、阪和線は関西空港と和歌山方面を結んでいる。

そして、もっとも大きく異なるのは乗降客の数だ。山手線はどの区間も平均的に乗客が多く、一日じゅう乗り降りが続くため、日本一の黒字線といわれることもある。

それにたいし、大阪環状線は沿線の市街地の規模が山手線にくらべて小さい。繁華街は梅田（キタ）と天王寺《てんのうじ》だけで、梅田と並ぶ繁華街である難波《なんば》（ミナミ）とも離れている。したがって、大阪環状線の乗客は他のJR線や私鉄線との乗り換えに利用する人がほとんど。山手線にくらべると運行本数も少ない。つまり、大阪環状線は都市交通の中心をなす路線とはいえないのだ。

そもそも大阪環状線には、東海道本線と関西本線を結ぶため、日本の高度成長期時代に東側の旧城東《じょうとう》線、西側の西成《にしなり》線、南側の関西本線と貨物線の一部をつないで環状にしたという誕生の経緯がある。昭和36年（1961）に開業したときには、すでに昭和のはじめから運行していた市営地下鉄が、市内の交通手段の主力を担《にな》っていた。

いまでは大阪市営地下鉄御堂筋《みどうすじ》線が大阪の大動脈として活躍しており、私鉄各線のターミナル駅はすべて御堂筋線に接続する。山手線は東京での通勤通学や買い物などに欠かせないが、大阪の人々の欠かせない足となっているのは環状線ではなく地下鉄御堂筋線。同じ環状線とはいえ、東京と大阪ではここまでちがうのである。

路線のネーミング

西は「行き先型」東は「両端型」が多い

当然ながら、鉄道にはそれぞれ路線名がついている。だが、そのネーミングは関東と関西で面白い特徴がある。

関西の場合、単純明快に行き先を示した路線名が多い。阪急電鉄なら大阪から見て神戸本線、宝塚本線、京都本線といった具合だ。南海電鉄も高野山《こうやさん》へ向かう高野線をはじめとして、汐見橋《しおみばし》線、高師浜《たかしのはま》線、和歌山港線となっており、近鉄も奈良線、京都線、吉野線、天理線、長野線、鈴鹿《すずか》線と行き先がそのまま路線名として採用されている。

しかし東京の場合、なぜか出発地と行き先をくっつけた「両端型」が多い。東急電鉄の東横線（東京―横浜）、京王《けいおう》電鉄の京王線（東京―八王子）、東武鉄道の東上線（東京と上野＝群馬県までを結ぶ計画があった）、京成《けいせい》電鉄（東京―成田）、ＪＲ京葉《けいよう》線（東京―千葉）、ＪＲ埼京《さいきょう》線（埼玉―東京）などが代表例だ。

ＪＲにかんしては、こうした両端型の路線が全国で見られるが、どちらかというと関西圏には少ない。

地下鉄の路線名のつけ方も、関東と関西ではかなりちがう。大阪の地下鉄は御堂筋線、堺筋《さかいすじ》線、谷町《たにまち》線、今里筋《いまざとすじ》線など、道路の名前からとったものが多い。大阪の地下鉄はメインストリートの下を走っているものが多いからである。

いっぽう、東京は道路も地下鉄も非常に複雑に入り組んでいるため、そう単純に名前をつけるわけにはいかない。大半は東京メトロの銀座線、日比谷《ひびや》線、丸ノ内線、有楽町線、半蔵門線、千代田線や、都営地下鉄の浅草線、三田《みた》線といった具合に、各線が通る主要な経由地の名前をつけている。ただし、東京メトロの東西線や南北線のように、方角が路線名になっているものもあり、名前を聞いただけではどの電車がどこに行くのか、さっぱりわからないものも少なくない。

関東（東京）は関西より路線が多く、さらに複雑に入り組んでいるぶん、路線名が複雑になってしまうのは仕方ないのかもしれない。路線名にかんしては、おおむね関西のほうがスッキリしていてわかりやすいといえそうだ。

路線の愛称

「埼京線」や「神戸線」は本当は存在しない?!

鉄道路線は、正式名称のほかに愛称を持っていることがある。

たとえば、東京都の大崎駅から埼玉県の大宮駅を結んでいる「JR埼京線」。埼京線という路線名は広く一般に定着しているが、じつは正式名称ではない。便宜《べんぎ》的につけられた愛称で、じっさいには複数の路線を合わせたものなのだ。

具体的に見ていくと、大宮―赤羽《あかばね》間は東北本線、赤羽―池袋間は赤羽線、池袋―

大崎間は山手線という正式名称で走っており、埼京線独自の区間はない。大宮―横浜間を結ぶ「JR京浜東北線」も埼京線と同じで、大宮―東京間は東北本線、東京―横浜間は東海道本線となっている。

さらに「JR宇都宮線」も愛称だ。正式には、東京―盛岡間を走る東北本線で、このうち、上野から栃木県の黒磯《くろいそ》駅までが「宇都宮線」と呼ばれているのである。

そもそも路線名は、鉄道会社が路線を開業するときに国に届け出るという決まりがある。だが、届け出た正式名称が漠然《ばくぜん》としていて行き先がわかりづらい場合などは、愛称がつけられることがあるのだ。

先に述べた宇都宮線も、東北本線という呼び名では行き先がわかりにくいということで、地元の自治体がJRに提案して「宇都宮線」という愛称がつけられたという経緯がある。

このように愛称がつけられた路線は、関西でもたくさん見られる。

たとえば「JR神戸線」は大阪―姫路間を結ぶ路線だが、正式には大阪―神戸間は東海道本線、神戸―姫路間は山陽本線となっている。

また、「JR京都線」は大阪―京都間を結ぶ路線の愛称で、正式名称は東海道本線。大阪のJR難波と京都の加茂《かも》を結ぶJR大和路《やまとじ》線の正式名称は関西本線。山陽本線、東海道本線、関西本線はいずれも長距離路線であり、正式名称だけでは行き先がわかりにくいため、わかりやすい愛称がつけられたのだ。

〝最短〟営業鉄道

〝現王者〟は関東にいるも〝最強〟は関西に?!

鉄道路線と聞くと、多くの人はどこまでも続いているイメージを持つのではないだろうか。だが、じっさいには驚くほど短い路線も存在する。

数年前まで最短鉄道として知られていたのが、和歌山県の「紀州《きしゅう》鉄道」で、御坊《ごぼう》―西御坊間のわずか2・7キロしかなかった。始点から終点までは、なんとたったの5駅。この区間を8分で走っていた。

なぜ、このような短い路線になったのかというと、もともとこの地方にはJR紀《き》勢《せい》本線が市街地を避けるように走っていたため、住民の足となる鉄道がなくて不便だったという事情がある。そこで、市街地と紀勢本線の駅を結ぶミニ路線として、紀州鉄道がつくられたのだ。

しかし紀州鉄道の王座は、平成14年（2002）に開通した千葉県の「芝山《しばやま》鉄道」に取って代わられる。

芝山鉄道路線図と3600形車両

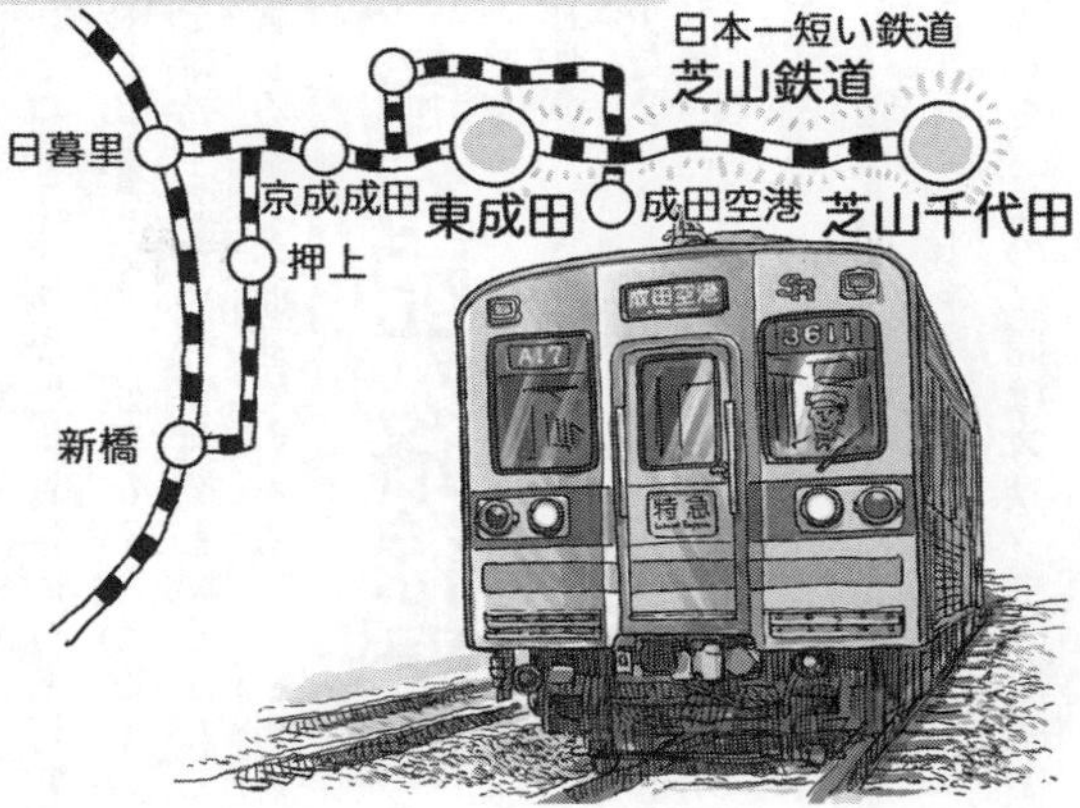

芝山鉄道の距離はわずか2・2キロしかなく、始点の東成田駅から終点の芝山千代田駅まで約4分でついてしまう。紀州鉄道よりも約500メートル短い、ナンバーワンの最短鉄道だ。つまり現在、日本一は関東にあるのである。

芝山鉄道は京成電鉄に乗り入れており、短い路線を折り返し運転しているわけではないので、異議が唱《とな》えられることもあるのだが、距離でいうと、たしかに芝山鉄道が日本一短い鉄道になる。

しかし、芝山鉄道への異議はそれだけにとどまらない。昭和32年（1957）に設置された、京都鞍馬《くらま》寺の山門と多宝塔を結ぶ「鞍馬《くらま》山《やま》鋼索《こうさく》鉄道」という名のケーブルカーが実質上の最短鉄道ではないかという声もあがっている。鉄道事業法から判断すると、モノレール、ケーブルカー、トロリーバスなども鉄道のうちに含まれるというのが、その根拠である。

鞍馬山鋼索鉄道の距離はわずか200メートルで、そこを2分でのぼりきる。諸《しょ》堂《どう》を維持するための寄付金というかたちで運賃も徴収している。また、宗教法人が経営する唯一の鉄道でもある。

“急勾配”路線

急な坂を登るための東西の秘策とは？

山地や山脈の急斜面が多い日本では、鉄道も峠《とうげ》や坂をのぼらなければならないことがたびたびある。鉄道は急勾配《きゅうこうばい》がもっとも苦手なので、これは深刻な問題となる。

では関東と関西、それぞれでもっとも急勾配を走る鉄道は何か。

まず関東一の急勾配路線は、神奈川県の小田原と強羅《ごうら》を結ぶ「箱根登山鉄道」である。箱根湯本から小涌谷《こわきだに》のあいだにある最急勾配区間では、勾配率が80パーミル（1000メートル走るあいだに80メートルのぼる）にも達するというから驚きだ。

しかも、この区間はスリップの危険をはらんでいる。急勾配でスリップすると、ブレーキがきかなくなる恐れがあり、脱線してしまう可能性すら否《いな》めない。万が一、脱線すれば、まちがいなく大惨事だ。

そこで箱根登山鉄道では、ジグザグに斜面をよじのぼる「スイッチバック方式」をとったり、車両に安全装置を装備して運転するなど、さまざまな対策を施《ほどこ》している。登りのときに車両に砂箱を用意しておき、列車がスリップしそうになったら、線路上に砂をまいて摩擦《まさつ》係数を上げ、スリップを防ぐといった工夫も見られる。

いっぽう、関西屈指の急勾配路線が南海電鉄高野線と神戸電鉄である。

高野線では、高野山にのぼっていく区間のうち高野下《こうやした》から先に50パーミルの急勾配エリアが存在する。とくに上古沢《かみこさわ》から極楽橋までの7キロの区間は、ほぼすべてが50パーミルでカーブもきつい。そのため、ブレーキやモーターを特別仕様にした列車が使われている。

神戸電鉄は、神戸の中心部からすぐに六甲山系に入っていくため、全路線の80パーセント以上が斜面になっている。とくに湊川《みなとがわ》から鈴蘭台《すずらんだい》までの7・5キロは50パーミルの急勾配。

このあたりは、源平合戦で源義経が一ノ谷《いちのたに》の平家軍に奇襲をかけたとされる「鵯越（ひよどりごえ）」という急な山道で、鈴蘭台は「関西の軽井沢」といわれるほど勾配がきつい。神戸電鉄の列車は、電動車を使うなどして対策を行なっている。

通常の路線方式の鉄道としては、箱根登山鉄道が日本一の急勾配路線だが、その他の路線も見事な工夫と安全装置を施して、険《けわ》しい地形と対峙《たいじ》している。どれもすぐれた鉄道である。

レールの幅

東が「狭く」、西が「広く」なった歴史的事情

鉄道の線路の幅には、世界的な標準が決められている。これを「標準軌間（標準軌）」といい、１４３５ミリある。そして、それより狭い線路幅は「狭軌《きょうき》」、広い線路幅は「広軌《こうき》」と呼ばれている。

ただし、日本の営業用路線では、世界的な基準から見た「広軌」は存在せず、「標準軌」と「狭軌（おもに１０６７ミリ）」のみである。

日本の新幹線は１４３５ミリの標準軌を採用しているが、在来線は基本的には１０６７ミリの狭軌が多い。これは、日本ではじめての鉄道建設のさい、日本が技術援助を仰《あお》いだイギリス人が用いた線路幅が、１０６７ミリだったこと、さらに標準軌にくらべて製造費や建設費、運行経費などがやや安くすむというメリットがあるためだ。だが、安定性は標準軌のほうが高く、スピードにかんしてはデメリットが

生じる。

そうした有利・不利があるにもかかわらず、開業を急いだ明治政府が最初に狭軌を採用したため、日本各地に狭軌が広まった。

当時の官設鉄道（のちの国鉄、ＪＲ）は当然のように狭軌を採用。多くの私鉄も、乗り入れや車両運搬の関係からそれに追随《ついずい》した。

とはいえ、最初から標準軌で建設された路線もあれば、のちに標準軌に変更された路線もあり、現在では路線ごとにバラバラになっている。そこで関東と関西の線路幅を見てみると、意外な東西差が見えてくる。

まず、関東（東京）では狭軌が多い。ＪＲ在来線をはじめ、京王電鉄井《い》の頭《かしら》線、東京メトロ各線、都営三田線などが代表例だ。標準軌を採用している路線は京成電鉄、京浜急行電鉄（一部路線除く）、地下鉄では東京メトロ銀座線・丸ノ内線、都営地下鉄浅草線・大江戸線しかない。

いっぽう、関西では近畿日本鉄道（南大阪線、吉野線、生駒鋼索線《いこまこうさく》以外）、阪急電鉄、阪神電鉄、京阪電鉄（鋼索線以外）などほとんどすべての大手私鉄や大阪市営地下鉄が標準軌を採用している。

関西でここまで標準軌が多いのは、昔から国鉄（当時）や私鉄同士が競合していたからだ。その結果、各社もスピードを出すのに有利な標準軌を採用したがったのである。

つまり、JRの在来線を除けば、関東では狭軌が主流で、関西では標準軌が多いという結論になる。この線路幅のちがいからは、関西のスピードにたいするこだわりの強さが見えてくるようだ。

運転本数

都会を走るのに、1日2往復の秘境路線がある！

都会の列車は運行本数が多く、地方の列車は運行本数が少ない……。そう思っている人はたくさんいるだろう。

もちろん、これはまちがいではなく、おおむね当たっているのだが、なかには都会を走っているのに、まるでローカル線の秘境駅のように本数が少ない路線が存在する。

関西では、JR西日本が管轄《かんかつ》する山陽本線の支線、通称「和田岬《わだみさき》線」が代表例だ。

和田岬線は神戸駅の次の兵庫駅から出ており、和田岬駅までの2・7キロを結ぶ路線。平日は17往復、土曜日は12往復しているが、休日になると朝7時台と夕方17

時台のわずか2往復だけになってしまうのである。

神戸近郊の都会の路線なのに、なぜこれほど少ないのか。じつは、この路線は和田岬駅にある三菱重工業神戸造船所への通勤客の足としての役割が主要になっているからだ。

朝のラッシュ時は和田岬行き、夕方のラッシュ時は兵庫行きがたいへん混雑し、反対方向の列車はがら空きとなる。そのため昼間は運行しておらず、休日も通勤客がいないことから2往復しかしないのだ。

いっぽう、関東には群馬県の渋川—大前駅間を走るJR吾妻《あがつま》線がある。

吾妻線の沿線には草津、四万《しま》、川原湯《かわらゆ》、尻焼、沢渡《さわたり》などの温泉が並び、温泉客でにぎわっている。そのため、上野から直通の特急列車が運行されるなど、人気路線のひとつに数えられている。

だが、数多く運行されているのは終点からひとつ手

前の万座《まんざ》・鹿沢口《かざわぐち》駅までで、終点の大前駅には1日に普通列車が5往復するのみ。万座・鹿沢口駅は万座温泉、鹿沢温泉、浅間高原、嬬恋《つまごい》村への基点となるため、ほとんどの列車はここまではかならずやってくるのだが、終点の大前駅を目前にして、折り返し運転をしてしまうのだ。

万座・鹿沢口駅は高架の立派な駅で、駅前にはバスターミナルもある。それにたいし、大前駅は無人駅。人の気配がなく、とても寂しい。

都会の路線、人気の路線であっても、いつでも簡単に乗れる列車ばかりではないのである。

鉄道会社

「車両も乗務員もいない鉄道会社」が東にも西にもある！

鉄道会社といえば、線路や車両を持ち、駅員を雇用し、駅で切符を発行する会社をイメージしている人が多いのではないだろうか。

もちろん、そうした鉄道会社は数多くあるが、なかには鉄道会社を名乗っているにもかかわらず、線路も車両も乗務員も持たない会社がたくさん存在する。

そもそも日本の鉄道事業の免許には、第一種から第三種までの3つがある。「第一種鉄道事業」は、線路・車両ともに所有し、旅客や貨物運送の事業を行なう免許。「第二種鉄道事業」は、線路などの設備を借り受けて、旅客や貨物運送の事業を行なう免許。そして「第三種鉄道事業」は、線路などの設備を第二種鉄道事業者に貸し付ける事業を行なう免許だ。

つまり、法律では鉄道会社に車両や乗務員の所有が義務付けられていないため、それらを自前で持っていなくても、鉄道事業を起こすことが可能なのである。

一例としては、第三種鉄道事業を行なう、関西の神戸高速鉄道があげられる。神戸高速鉄道は線路と駅こそ持っているが、車両や運転士、車掌《しゃしょう》などは持っていない。

なぜ、こんな鉄道会社が成り立つのかというと、神戸高速鉄道は、もともと神戸市内を走る4つの鉄道（阪急電鉄、阪神電鉄、山陽電鉄、神戸電鉄）のターミナル駅を結ぶために開業した路線だからだ。

つまり、接続されていない4つのターミナル駅を結ぶための線路を持ち、駅をつくりさえすれば、車両は各社のものが乗り入れて走ってくれる。よって、自前の車両や乗務員がなくても、鉄道会社としての業務ができてしまうというわけなのだ。

この神戸高速鉄道と同じようなかたちの鉄道会社は、関西では関西高速鉄道、関西国際空港、和歌山県、中之島高速鉄道、西大阪高速鉄道、大阪港トランスポート

神戸高速鉄道路線図

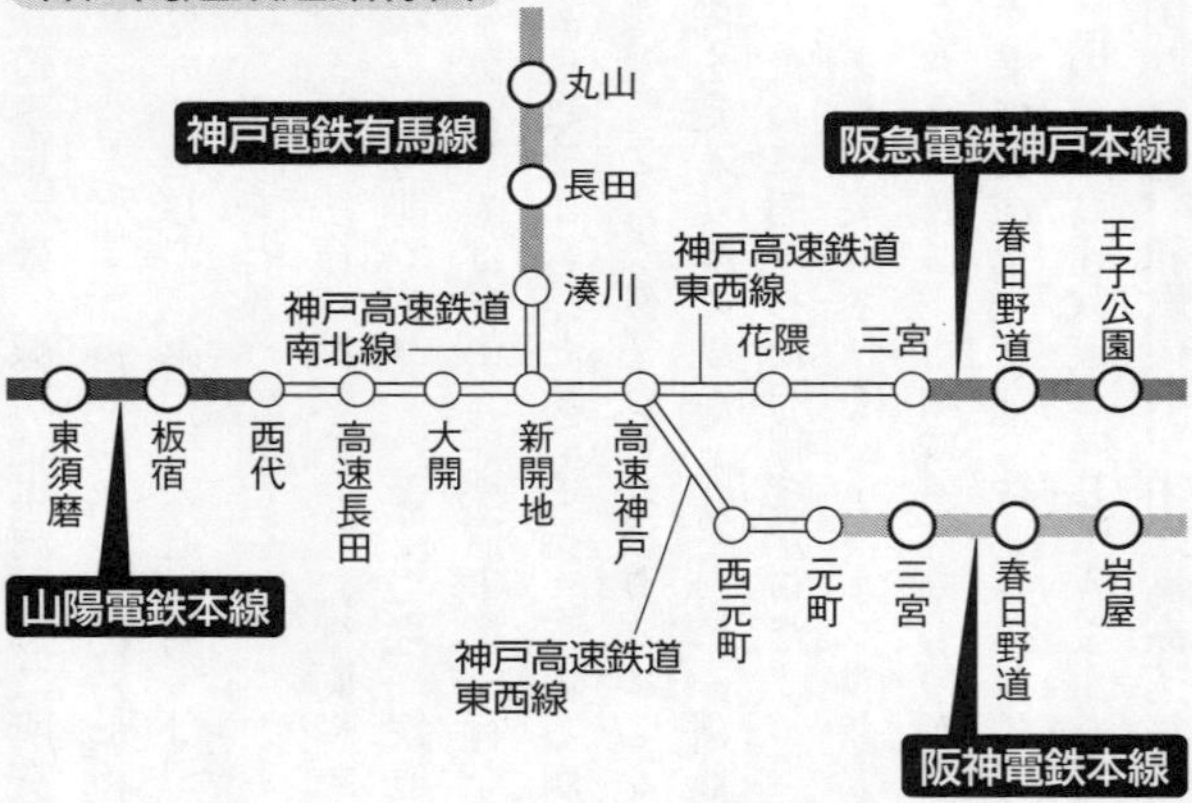

システム、大阪外環状《そとかんじょう》鉄道、奈良生駒高速鉄道がある。

いっぽう、関東には成田空港高速鉄道、千葉ニュータウン鉄道、成田高速鉄道アクセスがある。数では圧倒的に関西のほうが多い。

かつて、神戸高速鉄道は各社との接続駅となる阪急三宮（阪急）、元町《もとまち》（阪神）、西代《にしだい》（山陽）、湊川《みなとがわ》（神戸電鉄）以外の駅員は自社の社員で、神戸高速鉄道発行の切符も売っていたが、平成22年（2010）10月に運行管理の大幅な改編があり、現在では、阪急・阪神を中心とした新体制による運営を開始している。

生まれ変わった神戸高速鉄道、今後の動きに注目したいものだ。

ローカル鉄道

経営難を乗り切るための東西各社の(珍)アイデアとは?

鉄道業界は不況に強いといわれるが、ローカル私鉄や第三セクターの鉄道はその多くが経営難にあえいでいる。廃止に追いこまれた路線も少なくない。

これはマイカーの普及、商店街の衰退《すいたい》、それに少子高齢化などが複雑にからみ合い、乗客がどんどん減っているからだ。

だが、そんなご時世にあって斬新《ざんしん》な発想で経営難を乗り切り、見事に再生を果たした鉄道もある。

関東の代表は千葉県の「銚子《ちょうし》電鉄」。平成18年（2006）、「電車運行維持のためにぬれ煎餅《せんべい》を買ってください！　電車修理代を稼がなくちゃ、いけないんです。」という悲痛な訴えをホームページに掲載したことで話題になったローカル私鉄だ。

銚子電鉄は銚子駅から初日の出で有名な犬吠埼《いぬぼうさき》へ向かう路線として有名だが、経営は非常に厳しいものだった。しかも、平成15年（2003）には社長が会社名義の借入金約1億1000万円を着服する事件が起こり、車両の法定検査の費用も捻《ねん》出《しゅつ》できない状況に陥《おちい》ってしまったのである。

このとき銚子電鉄が考えたのが、先に述べたホームページのひと言。「ぬれ煎餅を買ってください！」と商品を用意し、あくまでも商売で訴えたのである。結果、訴えは効を奏して全国から注文が殺到、窮状《きゅうじょう》から抜け出すことができたのだ。

千葉県大多喜《おおたき》町の第三セクター「いすみ鉄道」も赤字続きのために経営再建中で、運転士の退職時期がきたにもかかわらず新人を育てる費用がなかった。そこで社会人を対象に運転士を公募したところ、全国から100件もの問い合わせが殺到。脱サラして運転士を目指す4人を採用することになった。運転士養成の費用700万円は訓練生自身が負担するため、いすみ鉄道の負担は大幅に軽減されたことになる。

いっぽう、関西では和歌山県の御坊《ごぼう》―西御坊間を結ぶ「紀州鉄道」が、画期《かっき》的な取り組みを見せている。

前述のとおり、紀州鉄道は2・7キロしかない関西一の短距離路線で、町の有志が資金を出し合って設立した企業だ。一時は木材やみかんの運搬で栄《さか》えたが、最近は利用客が減るいっぽうで、経営は行きづまっていた。

そこで紀州鉄道は、鉄道ファンから贈られた風鈴《ふうりん》を車内に取り付けた「風鈴列車」を走らせたり、神社のお守りと受験に御利益《ごりやく》があるとされる学門駅の入場券がセットになった「お守り付き入場券」を販売するなどして集客に努《つと》めた。

紀州鉄道の学門駅とお守り付き入場券

その甲斐《かい》あって、学門駅は全国の受験生に知られるようになり、入場券は合格祈願のお守りとして人気を博してピンチを脱出したのである。

また、都会ではあるが、大阪唯一の路面電車を走らせている阪堺《はんかい》電気軌道は、電車をクリスマスパーティーや忘年会などのイベントに貸し出して、収益を得ている。大阪の街並みを満喫しながら、路面電車の車内で貸し切りパーティーを楽しむことができるとあって、なかなか好評だという。

このように関東、関西の経営難に悩むローカル鉄道は、どこも涙ぐましい努力を続けている。みな生き残りをかけて必死なのである。

蒸気機関車

ファンの願いが叶って復活した東西のＳＬたち

明治・大正時代、交通輸送手段として大活躍した蒸気機関車（ＳＬ）。その多くはディーゼル機関車の登場とともに数を減らしはじめ、１９７０年代に入ると旅客営業用としてはほとんど利用されなくなってしまったが、ＳＬの衰退を嘆《なげ》く人は思いのほか多かった。子どもからお年寄りまで、煙を吐きながら迫力満点で走るＳＬの雄姿《ゆうし》が大好きだったのだ。

そこでＪＲや私鉄、第三セクターの鉄道も、ＳＬを鉄道遺産にしようと動きだし、全国各地の鉄道施設や鉄道博物館、機関区などでたくさんのＳＬが保存されることになった。さらにＳＬの復活を望むファンの声にこたえ、一部の鉄道ではＳＬの営業運転を再開している。

現在、関東にも関西にも、営業用として走っているＳＬがいくつかあるが、関東の代表格としては栃木県の「真岡鐵道《もおかてつどう》」があげられる。

この路線は、栃木県や沿線の自治体が出資して国鉄から引き継いだ第三セクターの鉄道で、平成６年（１９９４）から蒸気機関車の運行を開始。ＳＬ復活のウワサが広まるにつれて、観光客や鉄道マニアが増えていき、真岡鐵道はおおいににぎわうようになったのである。

現在は2台のSLがあり、土日を中心に「SLもおか」として活躍している。また、真岡駅の駅舎は大きなSLの形をしていて、外から見ると、まるでSLがいまにも動きだしそうな迫力を感じさせる。SLファンには涙ものの光景である。

真岡駅の駅舎を背にして疾走する「SLもおか」（協力：真岡鐵道株式会社）

いっぽう、関西の代表格は「SL北びわこ号」だ。ふだんは梅小路《うめこうじ》蒸気機関車館に常駐しており、2、4、5、8、11月の週末、祝日指定日などに北陸本線の米原《まいばら》―木ノ本間を走る。

琵琶湖《びわこ》の東岸に沿って新幹線の接続駅である米原へと向かい、日本最古の駅舎がある長浜をへて、北国街《ほっこく》道の宿場《しゆくば》町《まち》・木ノ本に至るまでの22・4キロがその行程となっている。

「SLもおか」も「SL北びわこ号」も、鉄道界の貴重な財産だ。どちらも人気者だけに、今後も活躍を続けていくことだろう。

寝台特急

東西の都市から北の大地へ…豪華列車の魅力に迫る！

豪華列車の心地よいベッドに寝そべりながら美しい風景を眺《なが》め、高級料理に舌鼓《したつづみ》を打つ……。

寝台特急での鉄道旅行は、鉄道ファンに限らず、だれもが憧《あこが》れるシチュエーションだろう。北斗星《ほくとせい》、日本海など、日本にはいまも約10の夜行寝台特急・急行が健在で、多くの旅人をひきつけている。

寝台列車は関東、関西どちらでも走っているが、関東発の憧れ度ナンバーワンは上野―札幌間を結ぶ「カシオペア」だ。

カシオペアという名前は、北極星と向かい合うカシオペア座に由来し、その名のとおり、北の大地へ向かって疾走《しつそう》していく。

平成11年（1999）7月16日の運行開始以来、つねに高い人気を誇り、予約を取るのも容易ではない。現在は週に3往復していて、約1215キロの長距離を17時間で駆《か》け抜ける。下《くだ》りは夕方16時過ぎの出発だから、一夜明けると車窓《しやそう》の外に北の大地が広がっている。

車内も超豪華。全車ともA寝台個室で、高級ホテルに匹敵《ひってき》するほどの内装が施《ほどこ》されている。また、食堂車では本格的なフランス料理のフルコースや懐石御膳《かいせきごぜん》が楽しめる。

いっぽう、関西発の人気寝台列車は、大阪―札幌間を結ぶ「トワイライトエクスプレス」である。夕方と明け方の薄明《はくめい》（トワイライト）の風景が最大の見ものであることから、この名がつけられた。

下りの走行距離は1495・7キロ、上りは1508・5キロを約22時間、ほぼ一昼夜《いっちゅうや》をかけて走り抜ける。

平成元年（1989）に登場したさいは団体専用の臨時列車だったが、あまりに人気が高かったため、一般にも開放されることになった。

4種類の個室のうち、一番人気は列車の最後尾にある展望個室スイート。ツインベッド、シャワールーム、テレビ、冷蔵庫などホテルを思わせるような設備が整っている。カシオペアの展望個室スイート同様、こちらも発売と同時に売り切れてしまうほどの人気なので、チケット入手はなかなかむずかしい。

昼ごろに大阪を出発し、夕方のトワイライトにさしかかるころ、日本海沿いに出る。サロンカーの車窓から眺める日本海の夕日は絶景である。食堂車「ダイナープレヤデス」ではフランス料理のフルコースを満喫でき、下りだと昼食、夕食、朝食と3回の食事を食堂車で味わえる。

鉄道の世界でもスピード化、合理化が進むなか、このふたつの寝台特急はいまでも優雅な旅気分を味わわせてくれる。これが本当の贅沢《ぜいたく》ではないだろうか。

ブルートレイン

一世を風靡《ふうび》した寝台列車も 東西ともに風前の灯…

前項では現在の寝台列車ツートップを紹介したが、かつては「ブルートレイン」が豪華列車として一世《いっせい》を風靡《ふうび》していた。

ブルートレインとは、1950年代に登場した「あさかぜ」をはじめとする青い寝台列車のことで、飛行機や新幹線が普及するまで日本の主要交通機関のひとつとして活躍した。

とくに1970年代後半から80年代前半にかけては、ブルートレインブームが巻き起こり、青い車両を鉄道ファンが撮影する光景があちこちで見られた。

そんなブルートレインのなかでも、きわめて高い人気を誇ったのが1980年代後半にお目見えした「北斗星」である。

上野—札幌間を結ぶ北斗星は、関東を走るブルートレインの王者。「世紀の大事業」とされた青函《せいかん》トンネルの開通に合わせて、JR東日本とJR北海道が企画したものだ。

A個室寝台の「ロイヤル」はベッド、デスク、椅子《いす》、テレビ、シャワー、トイレを備《そな》えるなど、その豪華さに見合った高額ルームだった。バブル景気の後押しもあって入手困難なプラチナチケットとなったが、それがかえって人気を高めることにつながった。

しかし、それほど人気のあった北斗星も、オールA寝台個室を設けた2階建てのカシオペアが登場すると、王座をゆずることとなる。最盛期は1日3往復していたものが、1日1往復に減ってしまったのだ。車両の老朽《ろうきゅう》化や採算性の問題がネックとされているが、往時《おうじ》を知る者のなかには現状を嘆く人が少なくない。

さて、関東発着のブルートレインの王者、北斗星にたいして、関西発着のブルートレインの始祖とされるのが「あかつき」である。

昭和40年（1965）10月に誕生した「あかつき」は、新大阪—西鹿児島・長崎間を結んだ関西初のブルートレイン。昭和40年代にはあまりの人気ぶりから増発が続き、最盛期には1日7往復するほどの活躍を見せた。

そもそも、あかつきは昭和39年（1964）に開通した東海道新幹線とセットで実現した列車で、東京から九州各地へ行く場合、東京から新大阪までは新幹線、新大阪から九州各地へはあかつきというのが理想とされた。

しかし、昭和50年（1975）に新幹線が博多まで延びると、あかつきの活躍の場は少なくなり、昭和61年（1986）には1往復のみとなってしまう。その後も乗客が減り続けたため、平成20年（2008）3月にはついに歴史に幕を下ろすことになった。

こうして、関西のブルートレインは、残念ながら姿を消すことになったのである。

リニアモーターカー

大阪が、真っ先に導入した思わず納得の理由とは？

現在、リニア中央新幹線に大きな注目が集まっている。これは東京—大阪間を時速500キロで走行するリニアモーターカーによって結ぼうとするもので、202

リニア中央新幹線（試験車両）

７年に都内から名古屋まで、２０４５年には大阪までがつながる見込みだ。

そもそもリニアモーターカーとは、新幹線を超える夢の超特急として期待されている新システムで、大きくふたつのタイプに分かれる。

ひとつは磁気《じき》浮上式。これは特殊な磁石の力で車両を浮かせて走る。リニア中央新幹線がこれにあたる。

もうひとつは車輪走行式。車輪とレールを使って走るのはふつうの鉄道と同じだが、モーターがリニアモーターになっている。

一般のモーターは、電気の力によって回転運動させるしくみになっており、円《えん》筒《とう》形をしている。これにたいし、リニアモーターは円筒形を切り開き、平らに伸ばして直線運動させるしくみになっているため、車両は小型ですむ。この小型の車両を、車両と走行路にとりつけた磁力によって前進させるのである。

リニアモーターカーの実用化第1号は、平成2年（1990）3月、大阪市営地下鉄長堀鶴見緑地線《ながほりつるみりょくち》に登場した。関東での初登場はその翌年の平成3年（1991）12月に開業した都営地下鉄大江戸線（当時の名称は12号線）の練馬《ねりま》―光が丘間だから、約1年、関西のほうが早かったことになる。

その後、平成13年（2001）には、神戸市営地下鉄の新長田―三宮・花時計前間、平成17年（2005）には福岡市地下鉄、平成20年（2008）には横浜市営地下鉄と、続々とリニアモーターの地下鉄が誕生した。

ここでひとつ疑問が浮かぶ。なぜ、リニアモーターカーは地下鉄にばかり導入されているのかということだ。

それは、地下鉄の建設費が安くすむからである。

1950年代以降、日本では自動車の急増によって道路が混雑したため、市電に代わって地下鉄が発展した。だが、地下鉄建設には莫大《ばくだい》なお金がかかる。そこで注目されたのが、リニアモーター方式のミニ地下鉄であった。

リニアモーターカーであれば、小型で車両の床面を低くすることができるため、トンネルの断面積も小さくてすみ、地下鉄建設費を大幅に減らすことができるというわけだ。

さらに高加速、高減速、急勾配にも対応可能で、急カーブなどもスムーズに通過できるというメリットもある。とくに最近の地下鉄は、地下深くに建設しなければならず、急勾配や急カーブが多くなるため、リニアモーター方式がより適しているのである。

地下鉄建設費削減のためリニアモーター方式を真っ先に取り入れた大阪は、さすがに、経済観念が関東より一枚上手《うわて》といったところだろうか。

モノレール

ギネスにも載《の》った鉄道が大阪に存在する！

モノレールは、都市の近未来的な交通機関だ。急カーブや勾配に強いため、比較的自由にルートをとることができ、用地買収などの負担が少なくてすみ、事業費の圧縮ができるなどのメリットがある。

日本には東京モノレール、多摩《たま》都市モノレール、千葉都市モノレール、北九州高速鉄道、スカイレールサービス、沖縄都市モノレールなどが走っているが、そのなかに、じつは世界最長のモノレールが含まれている。大阪高速鉄道、通称大阪モノレールだ。

大阪高速鉄道大阪モノレール線（本線）は、平成9年（１９９７）に大阪空港―門《かど》真《ま》市間の21・2キロ（現在は国際文化公園都市線〈彩都《さいと》線〉を含めて28キロ）が全線開通し、世界最長のモノレールになった。それまで国内トップだった東京モノレールの16・9キロ（現在は17・8キロ）を抜き去り、一気に世界一へと躍《おど》り出たのだ。イギリスのギネス社からも「モノレール営業世界最長」と認定され、ギネスブックに登録された。

このようにモノレールにかんしては関西が一歩リードといったところだが、東京モノレールも負けてはいない。

輸送力からいうと、東京モノレールのほうがすぐれている。大阪モノレールの1日あたり旅客数が約10万４４００人なのにたいし、東京モノレールは約30万人。東京モノレールの圧勝である。

東京モノレールは、浜松町から羽田空港第2ビルまでの11駅を、普通列車で24分、区間快速で21分、空港快速では19分で結ぶ。

開業は東京オリンピックが開催された昭和39年（1964）で、当初は途中に駅がなく、羽田空港の利用客専用の乗り物だった。

その後、大井競馬場前駅などができると、じょじょに乗客が増えていった。最近はモノレールの車窓《しゃそう》を流れる大都会東京の風景を楽しむ目的で利用する客も少なくない。

この大阪モノレールと東京モノレールの車体には、大阪人と東京人の気質がよく表れているといえる。

大阪モノレールの車体には、企業やJAなどの広告が一面に描かれている。道路の上空を通るため、道路を走る車からも、歩行者からもよく見え、効果バツグンである。こんなところからも、商売上手でお金儲《もう》けの知恵が働く関西人気質が垣間《かいま》見える。

たいする東京モノレールの車体には、広告などはなく、子どもたちに人気のアニメ・キャラクターが描かれ、親子連れに人気を博している。東京観光のさいには、ぜひ一度乗ってみるとよいだろう。

トロッコ列車ブームの元祖 清流しまんと号

列車から電車へと切り替わって以来、かつてのようなガタン、ゴトンといった列車特有の揺れを体験できる機会は少なくなってきた。

そんななか、観光用トロッコ列車が昔懐《なつ》かしい乗り心地《ごこち》を体験できるとあって、にわかにブームになっている。

そもそもトロッコ列車とは、木材や工事現場、鉱山《こうざん》などで資材や土、作業員を運搬する目的でつくられた車両であり、上部の壁や天井、ガラス窓がついていない。そのため、緑豊かな観光地で乗車すると、車窓《しゃそう》からの開放的な光景を楽しむことができる。

また、おいしい空気を吸ったり、花の香りをかいだり、清流のせせらぎを聞いたりすることも可能だ。さらにはガタン、ゴトンといったゆったりしたリズムが、癒《いや》しの効果を発揮することもあるといわれている。

こうした観光トロッコ列車ブームの火つけ役となったのが、四国を走るＪＲ予《よ》土《ど》線の「清流しまんと号」だ。その名のとおり、「日本最後の清流」ともいわれる四万十川《しまんとがわ》の渓谷《けいこく》を走る。

このトロッコ列車が登場したのはＪＲの前身である国鉄時代の昭和59年（１９８４）で、乗客を貨車に乗せるという思い切った試《こころ》みはすぐに大人気となった。

現在は、気動車の後ろに連結されながら、上りは十川《とおかわ》―土佐大正間を、下りは土佐大正—江川崎《えかわさき》間を走っている。

この区間では四万十川沿線の豊かな自然や沈下橋《ちんかばし》（河川の増水時には水面下に沈んでしまう橋）などの風景を思う存分楽しむことができる。

清流
しまんと号

住宅メーカーが内装を手がけたサンライズ・エクスプレス

夜出発して、寝ているあいだに目的地に着く寝台特急は、到着日の朝から時間を有効に使える点がメリットだ。だが近年は、飛行機や新幹線が整備されてきたこともあって利用客が減り、寝台特急はじょじょに数を減らしている。

それでも、ＪＲ東海がＪＲ西日本と共同で開発した寝台特急「サンライズ瀬戸」と「サンライズ出雲《いずも》」はいまも元気だ。

サンライズ瀬戸は東京—高松間を結び、サンライズ出雲は東京—出雲市間を結ぶ。

どちらもかつてブルートレインとして

活躍していた列車で、平成10年（1998）に285系寝台電車の新型車両にリニューアルされて再登場した。

これらふたつの寝台特急は、寝台がすべて個室になっており、居住性はトップクラス。寝台料金不要でゴロンと横になれる「ノビノビ座席」もある。

しかも、大手住宅メーカーのミサワホームが手がけた内装は、同社のコンセプトである「木と暖色《だんしょく》系照明を多用した癒し空間」が見事に体現されている。外装も上品かつ落ち着いたデザインで、これはまさに「走るホテル」だ。

料金はサンライズ出雲がA寝台一人用個室（デラックス）で2万8160円、ノビノビ座席一人分が1万5320円。サンライズ瀬戸はA寝台一人用個室が2万7510円、ノビノビ座席一人分が1万4670円（いずれも、乗車券と特急・寝台料金含む）。シャワールームは310円で利用できる。ミニサロンもあり、深夜のミーティングなども可能だ。

高速バスや飛行機より快適なので、ゆったりとした旅を楽しみたい人や、出張のビジネスマンにはおすすめだ。

東京から関西方面に向かうとき、新幹線を利用するばかりでなく、この寝台特急で夜の鉄道旅行を味わいながら出かけてみてはいかがだろうか。

路面電車がもっとも充実している場所は、この街！

路面電車は自動車の増加とともに次々と廃止されていったが、広島にかんして

は例外だ。広島は、いまもたくさんの路面電車が走る日本最大の路面電車王国なのである。

広島の路面電車の特徴は、廃止された各都市の電車を、あえて広島風に化粧直しすることなく、現役当時のままのデザインで走らせている点にある。そのため広島を訪れれば、各都市を走っていた路面電車を目にすることができる。

全路線総延長35・1キロ（鉄道線を含む）、運行系統は1〜9号線（4号線はなし）まであり、広島市内とその近郊を網の目のように走っている。まるで動く路面電車博物館だ。

このユニークな路面電車経営をしている鉄道会社は広島電鉄である。広島電鉄では、古いタイプの電車を走らせるだけでなく、外国から路面電車を導入したり、国産初の超低床車両を開発したりといった試みも行なっている。

広島電鉄が採用した外国製路面電車の代表は、ドイツ製の「5000形グリーンムーバー」。ホームと電車内の段差がなく、足腰が弱っている年配者も楽に乗れる、バリアフリー型電車だ。

この5000形グリーンムーバーを、利用者の声を生かして改善し、さらなる快適性・大量輸送の実現を追求したのが、国産初の完全超低床車両である「5100形グリーンムーバーマックス」である。

通路幅をゆったりさせたり、座席数を増やすなど、利用者の快適性を向上させたほか、照明はダウンライト、車体や座席には広島のシンボルであるモミジがあしらわれるなど、デザインにも広島らしさが加えられている。

5
なんで、こんなに差が?!
加速する東西サービス合戦!

東はハイテク、西は人海戦術…
痴漢対策にも「東西差」が!

車内の快適度

西と東、通勤電車の乗り心地がいいのは？

鉄道には〝乗り心地《ごこち》のよさ〟が求められる。乗客としては、長時間移動はもちろん、短時間の移動もできるだけ快適に過ごしたいと思うものだ。

では、関東と関西では、どちらの鉄道のほうが乗り心地がよいのか。両者の車内設備の充実度を比較すると、興味深い事実が明らかになる。

まず東京を代表する路線のひとつ、ＪＲ中央・総武線を見てみよう。中央・総武線各駅停車には６ドアの車両がある。先に述べたとおり、通勤時間帯にはまったく座席のない車両に変身するもので、ラッシュ時の混雑緩和《かんわ》のために導入された。この６ドア車は関東のＪＲ各線の通勤車両として活躍しているが、山手線では、ホームドア設置に先立って、平成23年（２０１１）に廃止予定である。

この６ドア車両のように、「とにかく大勢を一気に運ぼう」という姿勢は、東京の鉄道会社全体に共通したものだ。特急料金などが必要な列車を除けば、ほとんどの列車は通勤時の大量輸送に適《てき》したロングシート車両で、私鉄各社でも通勤時の車両はロングシートが多くなっている。

いっぽう、関西の鉄道はだいぶ様相が異《こと》なる。JR西日本の車両は、JR東日本の車両よりゆったりしているのだ。

JR西日本は近郊型の車両をロングシートにせず、セミクロスシート（4人ボックス席のクロスシートでドア付近のみがロングシート）で運用しているため、関東のJRよりずっと快適に座れる。

また、JR西日本の快速列車「新快速」が、日本の在来線でトップクラスの最高速130キロを誇っていることはすでに述べたが、この列車がすぐれているのは速度だけではない。特急料金などが不要なのにもかかわらず、座席の大部分は転換クロスシート（2人掛けシートで、つねに進行方向に向けることも4人掛けシートにすることも可能）が採用されており、じつにゆったりしているのだ。

大阪―京都間で「新快速」と競合している阪急電鉄や京阪電鉄も、この転換クロスシートを採用している。京阪電車にいたっては、特急列車には2階建て車両とテレビカー（206ページ参照）がそれぞれ1両ずつ連結されているというサービスのよさだ。また、長距離を走る列車が多い近鉄もクロスシート車両の比率が高く、トイレ付きの車両も少なくない。

こうして見てみると、乗り心地のよさでは関東（東京）よりも関西のほうが上といえそうだ。これには、ラッシュ時の混雑が関東ほど激しくないという理由があるが、関西には同じ路線で競合する鉄道会社が多いことから、私鉄同士はもちろんのこと、ＪＲまでもが快適さを追求し、ライバルに負けないように頑張っている結果でもある。

大量輸送を重視する関東の鉄道と、快適移動を重視する関西の鉄道。車内設備にはそれぞれの特徴が表れているのである。

他社への乗り入れ

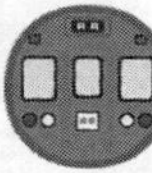

乗り入れがさかんな関東　積極的ではない関西

鉄道会社のサービスのひとつに「相互《そうご》乗り入れ」がある。これは、経営主体の異なる交通機関が、互いに相手の路線へ車両などを乗り入れる運行方法だ。

乗客にとっては利便性が向上し、鉄道会社にとっては利用者の増加が見込めるため、近年は多くの鉄道会社が実施している。

とくに関東は相互乗り入れに積極的だ。昭和35年（1960）に都営地下鉄浅草線と京成押上《おしあげ》線が相互乗り入れ第1号となって以来、その数はどんどん増え続けた。現在、東京メトロと都営地下鉄を合わせると13の路線があるが、そのうち東京メトロ銀座線、丸ノ内線と都営地下鉄大江戸線を除く10路線が、郊外の私鉄路線との相互乗り入れを行なっている。

なぜ、これほど相互乗り入れが活発になったのかというと、東京は人口・交通量ともに非常に多いから。郊外私鉄のターミナル駅である新宿、池袋、渋谷、浅草などは地下鉄との乗り換えで混雑するため、利用客が不便な思いをしていたのである。

また、他線と接続することにより、その路線へ、もしくはその路線から流入する利用客が増加することも期待できる。この営業面でのメリットも、鉄道会社が相互乗り入れに踏み切る理由のひとつとなった。

相互乗り入れを行なう場合、異なる会社の路線と接続する必要があるため、車両やトンネル、軌間《きかん》（レールの間隔《かんかく》）、保安装置、運賃などの規格を両社でそろえなければならない。それには多大な費用、時間、人手がかかるが、それでも関東では、乗り入れが普及していった。

では、関西はどうか。じつは関西の地下鉄は、関東ほど熱心に相互乗り入れを採用していない。

大阪では昭和44年（1969）に大阪市営堺筋《さかいすじ》線が阪急千里《せんり》線、京都本線と乗り入れたのを皮切りに、3路線が乗り入れを行なっている。神戸では昭和63年（1988）に神戸市営西神《せいしん》線・山手《やまて》線が北神《ほくしん》急行電鉄に乗り入れを開始、京都でも同年に京都市営烏丸《からすま》線が近鉄京都線へ（平成12年〈2000〉に近鉄奈良線へも）、さらに、東西線が平成9年（1997）から京阪京津《けいしん》線へと乗り入れを開始しただけだ。

関東にくらべて少ないのは、他の郊外電車と規格が合わないからとされている。大阪の地下鉄は東京の銀座線、丸ノ内線同様、架線式ではなく第三軌条式（走行用レールとは別に、並行して第三の給電用レールを敷設、車両に取りつけた集電靴で集電する）を採用している路線が多く、同じ規格にするのがむずかしいのだ。

けっきょく、大阪の地下鉄は規格を合わせることに費用と手間をかけるよりも、クーラーが付いた車両の開発など、車内設備の充実に力を注いでいくことになった。

ホームドア

接触・転落事故の防止策は関東が若干リード?!

通勤ラッシュ時などにホームの端《はし》を歩いていて、列車と接触しそうになったり、線路に落ちそうになってヒヤリとした経験はないだろうか。近年、大都市圏のどの路線でも列車との接触事故やホームからの転落事故が多発しており、深刻な問題となっている。

こうした事故を防ぐため、鉄道会社が力を入れているのがホームドアの設置だ。日本ではじめて導入されたのは東京かと思いきや、じつは関西のほうが早く、昭和56年（1981）に神戸市三宮《さんのみや》と神戸港につくられた人工島であるポートアイランドを結ぶ、神戸新交通ポートアイランド線に設置された。

ただし、現在もっとも普及しているのは東京の地下鉄である。平成3年（1991）、営団地下鉄（現在の東京メトロ）南北線にはじめて設置されて以来、つぎつぎ

平成22年夏に設置された、JR山手線初のホームドア（恵比寿駅）

とホームドアが設置された。

丸ノ内線、副都心線はすでに全駅に設置ずみで、平成24年（2012）度には、有楽町線の全駅に設置される予定だ。ホームドアの支柱に駅ごとのシンボルカラーを使うなど地下鉄全体のデザインにも気をつかっている。

またJR東日本では、平成22年（2010）夏に、山手線の恵比寿《えびす》駅、目黒駅にはじめて可動式ホーム柵《さく》を設置。平成29年（2017）度までに、山手線内の全29駅に設置する計画を立てている。JR各社の在来線では初の試《こころ》みだ。

いっぽう関西では、JR西日本が平成23年（2011）春を目標に、大阪市の東西線北新地《きたしんち》駅にホームドアを導入する予定で、東京にくらべてやや出遅れぎみだ。

国土交通省によると、ホームドアは、平成22年3月時点で全国38路線４４９駅に設置されている。しかし、国交省が掲《かか》げた目標は、１日あたりの利用客が５０００人以上になる約２８００駅への設置であり、現状では目標にほど遠いといわざるをえない。また、私鉄各社も導入を検討しているというが、一部の路線を除いて実現にはいたっていない。

設置計画が遅れている理由は、いくつかのやっかいな問題があるからだ。

まず、車両によってドア数や位置が異なると、設置することができない。首都圏では、他社線と相互乗り入れをする路線が多く、当然、ドア数や位置など各社でちがいが生じることになる。

また、設置するホームは、つくりが頑丈《がんじょう》でなければならないが、下部が土のホームでは強度が基準に満《み》たず、鋼材《こうざい》などで強度を上げる工事をしなければならない。そのため、いざ設置するとなると、ホームドア自体の設置費用、車両の改造、ホームの改良、定位置停止装置の設置などの費用が膨大《ぼうだい》になってしまう。

ＪＲ山手線では6ドア車両をすべて4ドア車両に切り替える予定だが、さらに全駅設置のために、約５００億円もの巨額を投資するという。この例を見ても、ホームドアのさらなる普及には、まだまだ時間がかかりそうだ。

痴漢対策

ハイテクを導入した東に西は人海戦術で対抗！

近年、鉄道各社が悩んでいる問題のひとつに「痴漢《ちかん》の多発」がある。混んでいる車内で着衣の下に手を伸ばしたり、降車時に女性に接近し、偶然を装《よそお》って体に触《ふ》れたり……。最近はその手口も巧妙化してきており、関東も関西も、鉄道会社はみな痴漢対策に苦慮《くりょ》している。

そうしたなか、ＪＲ東日本は車内への防犯カメラの導入を決定した。設置されたのは、痴漢被害が全国ワーストの「埼京《さいきょう》線」。平成21年（２００９）12月から試験的導入（２編成のみ）を開始し、痴漢被害がもっとも多い１号車（大宮側）の天井に４台のカメラを設置して撮影した。

すると被害状況が大きく改善され、１月～２月の強制わいせつ事件は３分の１に減少した。ＪＲ東日本はこれに気をよくし、平成22年（２０１０）６月からの本格導入を決めたのである。

撮影された画像は、捜査機関から要請があった場合だけ提供される。だが、防犯カメラの導入はプライバシーの侵害ではないかとの意見もあり、私鉄各社は導入をちゅうちょしている。それでもJR東日本は、埼京線で一定期間効果を確かめたうえで、他の路線への設置を検討する方針だという。

防犯カメラというハイテク機器を使っての痴漢対策に取り組みだしたJR東日本にたいし、JR西日本は人的《じんてき》パワーでの痴漢対策を実施している。

平成22年6月には、近畿6府県の警察本部と協力した痴漢防止キャンペーンを行ない、朝から警察隊員がホームを巡回したり、JR西日本の社員が痴漢に遭《あ》わないための注意点をまとめた冊子《さっし》を配るなどして痴漢防止に取り組んだ。

さらに大阪、天王寺《てんのうじ》、京橋各駅の事務室に「ちかん被害相談所」を設置して、痴漢の被害者を保護したり、被害者に代わって警察に連絡するなどの業務も行なっている。防犯カメラの設置については慎重な姿勢を見

せており、今のところ導入の予定はない。

関東のように防犯カメラを設置するのがよいのか、関西のように警察官による人《じん》海《かい》作戦をとるほうがよいのか。どちらが大きな成果を見せるか、今後の動向に注目したいところである。

開かずの踏切

利用者を悩ませる難題に東西の鉄道会社は、どう挑む？

大都市に住んでいると、「開《あ》かずの踏切」に出くわすことがある。5分待っても、10分待っても遮断機《しゃだんき》が開かない。会社や学校の始業時間が差しせまっていたりすると、イライラ度は最高潮に達する。

そんな開かずの踏切について、国土交通省道路局が公表した調査結果によると、日本全国にある約3万6000の踏切のうち、約600がピーク1時間あたりの遮断時間が40分以上という「開かずの踏切」だった（平成19年4月時点）。そして、その内訳《うちわけ》は東京都が47パーセント、大阪府が20パーセント。つまり、全体の約7割が東京と大阪に集中していたのである。

では、日本でもっとも長時間遮断されている踏切はどこか。現在、日本一の「開かずの踏切」として有名なのは、神奈川県横浜市鶴見区にある「総持寺《そうじじ》踏切」だ。

この踏切ではJR東海道本線（東海道線）、京浜東北線、横須賀線、貨物線など計11の線路が走っており、踏切内の長さは60・1メートルにも及ぶ。そのため、以前は朝のピーク時になると、1時間のうち58分間も遮断され、1日の最大遮断時間が15時間にも達するというすさまじさだった。

関東には、これ以外にも「開かずの踏切」がたくさんある。とくに東京のJR中央線に多く、三鷹《みたか》─国分寺《こくぶんじ》間では、かつて13ある踏切のうちの12か所が、1時間に40分も遮断されてしまっていた。

いっぽう関西では、踏切内の長さが約47メートルという大阪市淀川《よどがわ》区の「南宮原踏切」が有名だ。JR東海道本線や貨物線など8つの線路が走っているため、やはり長時間閉まったままになる。歩行者は脇の歩道橋を利用すれば渡れるが、クルマは遮断機が開くのを待つか、迂回《うかい》するしかない。

これらの踏切の対策として、国土交通省は平成22年（2010）度までに、すべての「開かずの踏切」を解消する方針を打ち出した。これを受け、東京都もJR東日本と協力しながら高架化工事や迂回通路の設置などを行なっている。

その結果、踏切内の長さが127メートルもあった東京都昭島《あきしま》市の「市道北一四三号」を廃止し、三鷹―国分寺間のすべての「開かずの踏切」で高架化工事を終了させた。さらに総持寺踏切でも、平成22年3月にエレベーター付きの跨線《こせん》人道橋が完成、現在は朝夕のラッシュ時にかぎり、踏切を通行止めとしている。

関西でも、平成21年（2009）9月にJR阪和《はんわ》線東岸和田駅付近の高架化工事を開始、同じくJR阪和線の杉本町《すぎもとちょう》駅でも、踏切を渡らなくても改札を通れるようにする改良工事を行なうなど、各地で対策が進んでいる。

しかし現状では、平成22年度のうちにすべての対策を終えるという目標を達成するのは厳しい。対策費用は、国と沿線自治体、鉄道会社が分担することになっているのだが、不況によって自治体の税収や鉄道会社の収入が落ち込み、費用を捻出《ねんしゅつ》できないのである。

まだ、500以上残っているといわれる「開かずの踏切」。解消に向けての展望が開けるのは、いったいいつのことだろうか。

始発時間

遊び帰りの強い味方?! もっとも朝が早いのは、この路線！

楽しく飲んで騒いでいたら、すでに午前様……という夜を経験したことがあるだろう。そんなとき関東では「しまった、終電が終わってしまった！　しかたがないから、始発まで飲むか！」、関西では「しもた、終電終わってもうた！　しゃあないから、もういっぺん飲み直しや。始発まで飲むで〜」といった会話がくり広げられることになる。

さて、こうした状況になった場合、関東の人と関西の人では、どちらが先に始発に乗れるだろうか。始発の時間が早いのは関東か、それとも関西か。

時刻表で調べてみると、ＪＲ東日本管轄《かんかつ》の京浜東北線・根岸《ねぎし》線の桜木町駅発大宮行きが４時19分始発で日本一早い。

関西はどうかというと、阪急宝塚本線の雲雀丘花屋《ひばりがおかはなや》敷《しき》駅発大阪（梅田）方面行きの４時25分がもっとも早いが、京浜東北線・根岸線より６分遅い。

では、早朝の列車の乗降客数はどうか。これも関東のほうが関西よりもはるかに多い。山手線などでは、

早朝にもかかわらず、満員に近いほど混雑する日が珍しくない。なぜこうした現象が起こるのかというと、単純に夜を徹《てつ》して飲んだり遊んだりしている人の数が多いからだ。

とすれば、終電も関東のほうが遅くまで走っていそうに思えるが、終着がもっとも遅い駅を調べてみると、関東はＪＲ中央線高尾駅の午前1時37分着で、関西はＪＲ神戸線西明石《にしあかし》駅の午前1時36分。終電の到着時刻は、関東と関西でわずか1分差という結果になった。

終夜運転をしてほしいという要望も数多く出されているが、運休時間がないと線路を保守できなくなるため、今のところ実現はしていない。これは関東・関西に限らず、日本全国の都市圏はみな同じである。

禁煙化 〝禁煙ブーム〟のさなか、東西各社の取り組みは？

平成22年（２０１０）10月、たばこの値上げが実施された。平成15年（２００３）5月に健康増進法が施行《しこう》されて以来、禁煙エリアがどんどん増加し、愛煙家は肩身のせまい思いをしていたが、これによって、さらなる追い打ちがかけられることになった。

この禁煙化の流れは、当然ながら鉄道にも及んでいる。ところが関東と関西では、禁煙にたいする取り組み方に大きなちがいがあるのだ。

関東は禁煙化に熱心だ。関東の大手私鉄8社は、健康増進法を受けてまっ先に禁煙化に向けての取り組みをはじめた。そしてすぐさま駅を禁煙化したかと思うと、小田急電鉄のロマンスカーや東武鉄道のスペーシア、西武鉄道のレッドアロー号など特急電車からも喫煙席を撤廃《てっぱい》した。

これを追うかたちで、JRも禁煙化に動きだす。平成18年（2006）3月にJR北海道が、続いて翌年3月には、JR東日本が東北・上越新幹線を含めて、在来線特急（一部列車除く）の全席禁煙化に踏み切っている。

いっぽう、関西の反応は鈍《にぶ》かった。JR西日本が在来線特急の全席禁煙化に踏み切ったのは平成21年（2009）6月のことで、JR四国は平成20年（2008）3月、JR九州は平成21年3月、JR東海も平成21年6月と、JR北海道やJR東日本にくらべて非常に遅い。

またJR東日本は、平成21年4月1日に唯一喫煙可能としていたホームも全面禁煙としたが、JR西日本が駅のホームを禁煙にしたのは同年7月のことで、これもひと足遅い。しかも、阪急や近鉄といった関西の大手私鉄5社は、いまだにホーム に喫煙所を設ける分煙方式をとったままである。

さらに新幹線をくらべてみると、関東と関西でもっと大きな差が出てくる。

JR東日本の管轄である東北・上越新幹線は、平成19年（2007）3月のダイヤ改正で全車両を禁煙化した。だが、JR西日本の管轄である山陽新幹線にはいまも喫煙車があるし、ホームにも喫煙コーナーが設置されている（JR東海管轄の東海道新幹線も同様）。最新のN700系車両には喫煙車はないが、密閉された喫煙ルームが4両に設置されている。

山陽・東海道新幹線は、愛煙家が比較的多いビジネス客が多く乗ることに加え、全面禁煙が定着したライバルの航空機と差別化したいという経営側の意図があるようだ。

このように、鉄道の禁煙化にたいする取り組みは、現在「東高西低」の傾向がみられ、関西はいわば〝禁煙後進国〟になっている。しかし、禁煙化の流れを止めることはできないだろうから、関西もいずれは全面禁煙を迫《せま》られる日がくると予想されている。

フリーパス 会社の枠を取り払った関西の〝太っ腹〟な乗車券とは？

鉄道の旅を満喫《まんきつ》するなら「フリーパス」を利用すると便利でお得だ。フリーパスとは、指定された交通機関で一定期間乗り放題となるチケットのことで、さまざまな種類が販売されている。

なかでも、究極のフリーパスとして有名なのがJRの「青春18きっぷ」だ。全国のJRの普通・快速列車に乗り放題の切符で、5日（5人）分セットで1万1500円と、じつにリーズナブル。新幹線や特急などには乗れないが、時間と根性さえあれば、格安でJRの旅が堪能《たんのう》できる。

このように、全国版のフリーパスを出せるのがJRの強みだが、全国版とはいえないまでも、私鉄各社もそれぞれ工夫を凝《こ》らしたフリーパスを販売している。

では、関東と関西ではどちらのフリーパスがお得なのか。結論からいうと、充実度は関西のほうが上だ。なにしろ関西には、加盟40社の交通機関に乗り放題という太っ腹なフリーパスが存在しているのである。

春夏版・秋冬版それぞれの「2dayチケット」（大人3800円・小児1900

円）、「３ｄａｙチケット」（大人５０００円・小児２５００円）があり、ほぼ関西の全エリアに加え、バスやモノレールを含めて「ＪＲ以外のすべて」が利用できる。おまけに、沿線の約３５０もの各施設で優待特典が受けられる、とお得だ。

関東はどうかというと、関西のフリーパスのように関東一円で自由に乗り降りできるというものはない。たとえば、小田急電鉄の場合は「箱根フリーパス」や「江の島・鎌倉フリーパス」「西伊豆フリーパス」などの観光地系フリーパスがある。

また京王電鉄の場合は、京王各線の遊園地の施設利用券と電車の一日乗車券がセットになった「京王アミューズメントパスポート」や、京王の往復割引乗車券と都営交通局の一日乗車券をセットにした「ＴＯＫＹＯ探索きっぷ」、東急電鉄の場合は、東急各駅から大井《おおい》町《まち》駅までの往復乗車券と東京臨海高速鉄道りんかい線

（大井町―新木場間）一日乗り放題を組み合わせた「東急お台場パス」などといった具合になっている。

このように、各社がそれぞれ特徴のあるフリーパスを販売しているものの、鉄道会社の枠《わく》を大きく超えて、関東一円の私鉄が乗り放題というわけにはいかないのが現実だ。

したがって、鉄道会社の枠を取り払ったフリーパスを販売している関西のほうが、この分野では一枚上手《うわて》といえる。関西各地を電車で観光するさいには、ぜひ利用してみるとよいだろう。

宿泊プラン

東西のホテルがしのぎを削る「鉄ちゃんプラン」の中身とは？

かつては男性中心のマニアックな趣味といった印象が強かった「鉄道」だが、近年では「鉄子」や「ママ鉄」と呼ばれる女性ファンが現れたり、団塊《だんかい》世代のファン層も増えるなど、性別・世代を超えるメジャーな趣味として認知されつつある。

そうした鉄道ファンを取りこもうと、各業界がしのぎを削《けず》っている。ホテル業界もそのひとつで、鉄道ファン向けにさまざまな宿泊プランを実施している。面白いのは、関東のホテルと関西のホテルで特徴が異なる点である。

関東では、宿泊したホテルの部屋から線路や電車を見ることができる「トレインビュー」が主流になっている。

たとえば、小田急ホテルセンチュリーでは、平成21年（2009）に新宿駅の線路が一望《いちぼう》できる客室を使った「トレインビュー宿泊プラン」を売り出した。結果、月に230組もの宿泊客があり、目標の3倍の売り上げを達成している。

これにたいし関西では、電鉄系ホテルの強みを生かした工場見学付き宿泊プランが目白押しだ。

たとえば大阪・北区の大阪新阪急ホテルでは、平成21年12月に阪急電鉄正雀《しょうじゃく》工場を見学できる宿泊プランを発売したところ、即日で40組の予約が入る好評ぶりだった。そのため、平成22年（2010）6月には、京都新阪急ホテルでも同様の宿泊プランが販売された。

京阪電鉄グループのホテル京阪と琵琶湖《びわこ》ホテルも、平成22年3月から8月にかけて寝屋川《ねやがわ》車両工場の見学付きプラン16泊分を販売している。これは大型クレーンで車両をつり上げて移動する様子や各部品の点検・整備風景の見学、屋外で行なう洗車体験、レトロな「びわこ号」の見学、写真撮影などが楽しめるもので、親子連れを中心に大人気となり、追加発売まで決定した。

見て楽しむか、体験して楽しむかは、その人の好みしだい。懐《ふところ》に余裕のある鉄道ファンは、ぜひとも試してみたいプランだ。

ロケ誘致 JR東西2社と私鉄による三つどもえの争いが進行中！

テレビドラマや映画などを見ていると、電車内や駅で撮影されたシーンが数多く出てくる。映画やドラマのロケ地になったことで有名になった駅も少なくなく、『北の国から』の富良野《ふらの》駅（JR根室《ねむろ》本線・富良野線）や、『東京ラブストーリー』の梅津寺《ばいしんじ》駅（伊予《いよ》鉄道高浜《たかはま》線）などは、いまでは多くのファンが訪れる名所となっている。

しかし、利用客が少ない地方の駅ならともかく、首都圏や京阪神といった大都市の駅や路線となると、撮影をすることで電車の運行などに支障が出てしまう。そのため、そう簡単にロケで使わせてもらうことはできない。

そうしたなか、積極的に撮影に協力してきたのが、東京の京王電鉄相模原《さがみはら》線だ。たとえば平成3年（1991）のテレビドラマ『次男次女ひとりっ子物語』では、主演の男女が京王堀之内《ほりのうち》駅近くに住み、都心に通勤しているという設定だった。また平成7年（1995）には『未成年』『恋人よ』など5本のテレビドラマに京王電鉄が登場、平成8年（1996）公開の映画『（ハル）』でも京王電鉄が使われた。

こうした京王電鉄の独占状態に、最初に待ったをかけたのがJR西日本だ。JR西日本は、一定の撮影使用料を得られるうえに自社の宣伝効果も期待できるという理由から、平成16年（2004）6月に専用部署を設置し、積極的なロケ誘致に乗り出した。

しかし、関西の巻き返しに関東も黙っていない。平成17年（2005）にはJR東日本がロケ誘致に参戦してきたのだ。

JR東日本は新幹線や寝台特急など、私鉄にはないJRならではの列車を持つ利点を生かして飛躍的にロケ誘致を増やし、平成20年（2008）には31件ものロケ誘致に成功。フジテレビの『ラスト・フレンズ』など29件を誘致した京王電鉄を追い抜いて日本一となった。

ロケ誘致では一歩リードしている感のある関東と、JR西日本を中心に誘致活動を積極化させている関西。最近はドラマだけでなく、旅番組やクイズ番組など、テレビに鉄道が露出する場面が非常に多いだけに、鉄道会社の誘致合戦はますます激しくなりそうだ。

6

駅のこの違いは、まるで“異国”!! ド肝抜かれるわ〜！

関西では、駅名が同じでも
簡単には乗り換えられない?!

〝仲良し〟駅

JRと私鉄の競争が激しい関西に2社が共存する駅がある！

JRと私鉄はライバル関係にある。お互いよりよいサービスをアピールして、できるだけたくさんの乗客を自社路線へ引き込もうとしのぎを削《けず》っている。とくに関西については、両者の競争が極めて激しいというイメージが強い。

ところが、その関西にも、共存関係が成立している地域がある。

たとえば、JR和歌山線と近鉄吉野線の吉野口《よしのぐち》駅。この駅はJRと近鉄、どちらの路線の駅でもある。

出札《しゅっさつ》、改札など駅全体の管理はJR西日本の職員が行なっているが、近鉄職員も何人か詰めており、互いに助け合って業務にあたっているのだ。

助け合いの様子は、3番線を見ているとよくわかる。

『鉄道(珍)名所三十六景・関西編』（所澤秀樹著、山海堂）によると、3番線は五条《ごじょう》・和歌山方面のJR線が使っている。したがって、JRの駅員や乗務員が3番線で乗務を行なうのがふつうだが、JRの職員がホームにいないときには、近鉄の信号扱い所に詰めている近鉄の職員が乗客への案内などを買ってでたりして、よくサポートに入っている。そこには、会社の垣根《かきね》を越えて、駅の利用者へのサービスを優先する姿があるのだ。

さらには、JRの運転士とサポートに入った近鉄職員がこまめに情報交換をしている姿も、しばしば目撃されるという。

吉野口駅におけるJRと近鉄の関係が良好だと考えられる根拠は、それだけにとどまらない。

48ページで紹介したとおり、JRの基本ルールでは、駅舎にもっとも近いホームが1番線となる。吉野口駅でもそのルールにもとづいて駅舎に近いホームが1番線になっているが、そのもっとも便利な1番線を近鉄が利用している。ここには譲《ゆず》り合いの精神があるのだ。

いっぽう、高知県にもJRと別会社の助け合いが実践《じっせん》されている駅がある。若井《わかい》駅と窪川《くぼかわ》駅だ。

かつての若井駅と窪川駅は、隣り合っているものの、若井駅はJR予土《よど》線の起点、いっぽうの窪川駅がJR土讃《どさん》線の終点であり、互いに乗り入れてはいなかった。ふたつの駅を結んでいたのは窪川駅と中村駅を結ぶJR中村線だったが、予土線、土讃線の乗り換えをスムーズにしてほしいと望む人は少なくなかった。

そこで助け舟を出したのが「土佐くろしお鉄道中村線」である。土佐くろしお鉄道は、昭和63年（1988）にJR中村線が廃止されたあと、第三セクターとして再出発した路線である。この鉄道に予土線が乗り入れることで、窪川―若井間の不便が解消されたのだ。

この例などは、同業他社であっても、協力し合えば困難を乗り越えられるという、いい見本である。

ターミナル 東西「梅田」と「渋谷」。乗客数が多いのは？

関東と関西を代表する大手私鉄のターミナル駅といえば、関東なら東急渋谷駅、関西なら阪急梅田駅である。

渋谷は若者が集まる繁華街というイメージが強いが、東急百貨店をはじめとするデパートやオフィスも多く、人の波が絶《た》えることはない。いっぽう、梅田も渋谷と同じく大阪を代表する繁華街で、阪急百貨店などのデパートや広大な地下街にたくさんの人が集まっている。

では、東西屈指《くっし》の大都会にある東急渋谷駅と阪急梅田駅とでは、いったいどちら阪急「梅田駅」

の乗降客数が多いのだろうか。

平成21年（２００９）度の調査によると、1日の平均乗降客数は、梅田駅が約54万人、渋谷駅はその倍の約１０８万人。乗降客数では渋谷駅の圧勝となった。

両駅でこれほど差が開いたのは、「首都・東京」と「商都・大阪」という都市の性格や規模・人口がちがうこともあるが、その開発背景が異《こと》なることも大きく関係している。

東急グループは、渋谷駅以外にも大井《おおい》町《まち》駅、五反田《ごたんだ》駅、目黒駅などと、網の目状にJRとの接点をつくった。それによって、利用者をどんどん拡大していったのだ。

また、沿線近辺を宅地開発するのにと

もない、学校を誘致したため、東急グループの拠点である渋谷駅に、学生たちがあふれるようになっていったのである。

　これにたいし、阪急は神戸本線、宝塚本線、京都本線の3つの主要路線が梅田駅へ集まるように事業を展開していった。

　ただし、東急のようにJRとの接点はつくらず、沿線に学校も誘致しなかった。そのため、梅田駅への乗客は集まるものの、梅田駅を通過駅とする乗客は集まらなかったのだ。そうした要因が重なった結果、現在のような乗降客数の差が生まれたのである。

乗り換え駅

関西では、駅名が同じでも簡単には乗り換えられない?!

目的地にたどり着くまでに、路線を換《か》えなければならないことがある。路線によって、便利な乗り換えと不便な乗り換えがあるが、より利用客の利便性に配慮しているのは、関西よりも関東だといえる。

　たとえば、東京メトロの有楽町線、半蔵門《はんぞうもん》線、南北線の永田町駅と、銀座線、丸ノ内線の赤坂見附《みつけ》駅は、同じ改札内で乗り換えることができる。関東の場合、乗り換え駅がある程度の距離内にあれば、駅名がちがっていても、乗り換えを可能にしているのだ。

また、都営地下鉄新宿線の馬喰横山《ばくろよこやま》駅と浅草線の東日本橋駅、東京メトロ銀座線の上野広小路《ひろこうじ》駅・日比谷線の仲御徒町《なかおかちまち》駅・都営地下鉄大江戸線の上野御徒町駅などは、同一改札ではないが、スムーズに乗り換えることができる。

さらに下北沢駅では、京王井《い》の頭《かしら》線と小田急小田原線が、それぞれ別のホームを構えるライバル会社であるにもかかわらず、フリーパスで乗り換えができるようになっている。こうしたしくみは、乗客にとってはとても便利でありがたい。

いっぽう関西では、関東のようにスムーズな乗り換えができるとは限らない。

もちろん、関東と同じく、駅名がちがっても乗り換えることができる駅もあるが、そうした例は少ない。たとえば、駅名は同じであっても、鉄道会社がちがえば乗り換えができないというケースが多いのだ。

これには歴史的な〝因縁〟が大きく関係しているという。関西では、JRと私鉄は古くからのライバルで、互いにしのぎを削ってきた。そのため、自社からライバル会社への乗客の乗り換えを、そう簡単に認めるわけにはいかないというシビアな理由があるのだ。

駅名の特徴

名付け方から見る東西の〝クセ〟とは？

駅名には、その周辺の地名にちなんだものをつけると思われているフシがあるが、じつはそれほど単純ではない。駅名に複雑な事情が隠れているというケースは意外と多いのだ。しかも興味深いことに、関東と関西では好まれる表現や命名のセンスも異なっている。

駅名をつけるさい、もっともオーソドックスな手法のひとつは、近くにある大学の名前を冠するというものだ。

関西ではＪＲ片町《かたまち》線（学研都市線）の同志社前《どうししやまえ》駅、阪急千里《せんり》線の関大前《かんだいまえ》駅などが有名で、駅の近くにきちんと大学がある。

いっぽう、関東には東急東横線の学芸《がくげい》大学駅、都立大学駅があるが、近くには学芸大学も都立大学も存在しない。もともとは駅近郊に大学があったのだが、移転してしまったのだ。

それなら駅名を改名すればいいのに、と思うかもしれない。だが、地元の人のなかに「長年慣れ親しんだ駅名を変えたくない」と考える人がたくさんいれば、改名はできない。じっさい、平成11年（1999）に東急電鉄が地元の住民に都立大学駅の名称変更の是非《ぜひ》をアンケートで問うた結果、最終的に変更しなかったという経緯がある。

また、関東と関西で駅名に同じ言葉を使っていても、そのニュアンスが微妙にちがうということもある。関東では東京メトロ丸ノ内線、南北線などの後楽園駅や、都営地下鉄大江戸線などの豊島園《としまえん》駅、JR常磐《じょうばん》線の偕楽園《かいらくえん》駅といった具合に、駅名に「園」の字がつくと、近くに庭園か遊園地があるケースが多い。

ところが関西では、同じ「園」が駅名についていても、阪神本線の甲子園駅、阪急甲陽《こうよう》線の甲陽園駅、JR阪和《はんわ》線の美章園《びしょうえん》駅などは住宅地というニュアンスになる。甲子園は野球場のイメージが強いが、じつは阪神沿線でも指折りの高級住宅地である。

さらに、関西の駅名の特徴として、阪急神戸本線・今津《いまづ》線の西宮北口駅、JR神戸線の甲子園口駅、近鉄南大阪線の橿原《かしはら》神宮西口駅といった具合に「～口」とつくことが多い。「～口」とは、そこへ向かう道があるといった意味になる。

いっぽう関東では、最近でこそ都営地下鉄大江戸線の新宿西口駅のように「～口」とつく駅があるが、歴史的にはほとんどない。

むしろ、関東には「〜ヶ丘」という駅名が多い。小田急小田原線の百合ヶ丘《ゆりがおか》駅、京王線のつつじヶ丘駅、西武池袋線のひばりヶ丘駅という具合だ。これらの駅名周辺では、新たな分譲《ぶんじょう》用住宅地が開発されていることが多く、「〜ヶ丘」には、新しいマイホームの街といった夢が託《たく》されているといわれる。これにたいし、関西では、古くから親しまれた歴史に由来するような地名が多い。

何気なく耳にする駅名にも、関東と関西ではこれだけのちがいがあるのだ。

駅名変更

6回も改名するって、どういうこっちゃねん？

前項では、駅名は地名に連動していたり、地域住民の思い入れがあったりするから、おいそれと勝手に変えられるものではないと説明した。

だが、それでもわが道を貫《つらぬ》き、思うがままに名称を変更してきた駅がある。その代表格が、関西の阪急電鉄千里線の「関大前駅」である。

この駅が誕生したのは大正10年（1921）のこと。当時は周辺に花壇《かだん》と遊園地があり、行楽客の憩《いこ》いの場でもあったため、「花壇前駅」と命名された。

ところが、昭和13年（1938）には「千里山遊園駅」と駅名を変え、その5年後

阪急千里線「関大前駅」

の昭和18年（1943）には「千里山厚生《こうせい》園《えん》駅」と改称した。現在の感覚では、「厚生園」という言葉よりも「遊園」のほうが親しみやすく思えるが、当時は戦時中だったことから、「遊」という字がつくほのぼのとした言葉はそぐわなかったのである。そして戦争が終わると、昭和21年（1946）にもとの「千里山遊園駅」に戻したのだった。

「関大前駅」の改称の歴史はまだ続く。昭和25年（1950）には、どうもこのあたりに女学院ができるらしいという情報が流れたため、先手を打て、とばかりに「女子学院前駅」と駅名を変更。しかし、その翌年には「花壇町駅」に変わった。女学院は設立されなかったのだ。

そして現在の「関大前駅」に落ち着いたのは、昭和39年（1964）のことである。関西大学と併設の中学校、高等学校ができたことによる改称だった。

けっきょく「関大前駅」が定着するまで、6回の駅名変更を断行したことになる。この記録は日本一で、ほかのどの駅にも破られていない。

いっぽう、「関大前駅」にはとても及ばないものの、関東にも何回か駅名変更を断行した駅がある。京成電鉄千葉線の「みどり台駅」だ。

この駅が誕生したのは大正12年（1923）で、当時は「浜海岸《はまかいがん》駅」と呼ばれていた。昭和17年（1942）になると、東京帝国大学（現在の東京大学）の第二工学部が新設されたため、駅名も「帝大工学部前駅」となる。

しかし、工学部が帝大の管轄《かんかつ》ではなくなったため、昭和23年（1948）に「工学部前駅」と改称した。そしてその後、工学部が移転すると、工学部がないのに駅名に学部名を冠《かん》するのはヘンだということで、昭和26年（1951）に地名をとった「黒砂駅」に変更され、さらに昭和46年（1971）には「みどり台駅」となった。

この駅は4回改称したことになるが、「関大前駅」とちがって、周囲の状況でやむをえず改称したという印象が強い。少なくとも、「関大前駅」のように、女学院ができるかもしれないといった予測だけで、気軽に改称するといったことはなかった。

〝怖い〟駅

体感しなきゃわからない？「要注意」ホームとは？

鉄道事業では、さまざまな安全対策が進んでいるとはいえ、乗客に注意が必要な駅が、まだ残されている。

そんな〝怖い駅〟のひとつが、関西の阪急電鉄中津《なかつ》駅である。中津駅には、神戸本線、宝塚本線、京都本線の3路線が通っている（京都本線は全列車通過）が、そのうち宝塚本線用ホームの十三《じゅうそう》寄り端部では、ホームの幅がなんと3メートルしかない。電車が通過し、強い風圧がくれば、吹き飛ばされそうになるのである。

もっとも、宝塚本線ホームは、停車せずに通過する電車が多く、さらに十三寄り端部の反対側にあたる梅田寄り端部に改札口があるので、ここで乗り降りする乗客はほとんどいない。それでも鉄道ファンのなかには、絶好の撮影ポイントと認識している人もおり、電車の写真を撮りたいがために、あえてこの怖い位置に立つ人がいる。

関東にも〝怖い駅〟がある。東武伊勢崎《いせさき》線の始発駅である浅草駅だ。

ただし、浅草駅の怖さは中津駅の怖さと質がちがう。ホームの幅が極端にせまい

注意が必要な「浅草駅」ホーム

わけではなく、ホームと電車のあいだが極端に開いているのである。

この隙間《すきま》は、駅の構造によって生じたものだ。

浅草駅を発車した電車は、すぐに急カーブを切らなくてはならないのに、駅の構内がせまいため、その急カーブの途中までホームが延《の》びている。その結果、ホームの先端付近では、車両とのあいだが大きく開いてしまうのである。

そこで浅草駅では、電車のドアとホームのあいだに踏み板を渡したり、転落防止のための固定柵《さく》を設《もう》けたりして安全対策を行なっている。いずれにせよ、浅草駅を訪れたさいには、くれぐれも足元に注意してほしい。

〝文化財〟駅

東京駅と二条駅にはどんな「文化的価値」がある？

鉄道事業にとってはもちろん大切だが、建築物としても貴重な駅が日本にはたくさんある。どれも歴史と伝統に彩《いろど》られた見事な駅で、文化財に指定されていることも少なくない。

そんな由緒ある駅の関西代表は、ＪＲ西日本が管轄する山陰本線（嵯峨野《さがの》線）の二《に》条《じょう》駅だ。

明治37年（１９０４）に建造された二条駅舎は、現存する日本最古の木造駅舎。2階部分には講堂のような広いスペースがあり、かつてはここが京都鉄道株式会社（官設鉄道に買収される前の事業主）の本社社屋として使われていた。そのため、鬼瓦《おにがわら》や天井の換気孔《かんきこう》、駅舎から車庫へと続く石畳の上の上屋《うわや》を支える柱などが、京都鉄道の社章である「京」の文字をデザインした形や穴になっている。

平成8年（１９９６）には、京都市の有形文化財に指定されたが、同年に新しい駅舎が完成したため、その役目を終えた。現在は梅小路《うめこうじ》蒸気機関車館へ移築され、資料として展示されている。

JR山陰本線「二条駅」の旧駅舎

いっぽう、関東代表は東京駅である。東京駅は東海道、東北、上越、山形・秋田・長野新幹線のほか、山手線をはじめとする多くの在来線が発着する世界屈指のターミナル駅である。

日本銀行の建築も手がけた建築家・辰野金吾《たつのきんご》の設計によって、明治40年（1907）に起工、大正3年（1914）に開業した。

当時の東京駅周辺は、「三菱が原」と呼ばれていた荒れ地だったため、赤レンガに白い石を配したモダンなデザインの巨大な駅舎が誕生したことは大きな話題となった。

また、構内には原敬《はらたかし》、浜口雄幸《はまぐちおさち》の両首相が暴漢に襲われた現場がある。東京駅は激動の近代史の舞台にもなったのだ。

戦時中はアメリカ軍の空爆にあい、3階部分が焼け落ちて自慢のドーム屋根も消失してしまった。そのため現在では2階建てで、両翼は三角屋根になっている。現在、当時の姿を復元するための改築工事が行なわれており、平成24年（2012）6月には往時の姿がよみがえることになっている。

和風スタイルとモダン、歴史資料と現役といった具合に、二条駅と東京駅は対照的である。しかし、どちらも日本の鉄道史を彩る由緒正しい駅であることにちがいはない。

〝そっくり〟駅

東には東京駅の〝弟分〟 西には〝兄貴分〟の駅がある！

東京駅は日本の駅の頂点に立つ中央駅だ。その威光《いこう》は絶大で、関東、関西どちらにも東京駅を模《も》したような〝そっくり駅〟が存在する。

まず関東のそっくり駅は、JR東日本が管轄する高崎線の深谷《ふかや》駅である。駅の所在地である埼玉県深谷市は、東京駅のシンボルである赤レンガと深い縁を持っていることから、平成8年（1996）にJR東日本と共同で、東京駅によく似た駅舎を建てた。

では、深谷市と赤レンガとの関係とはどういったものなのか。

そもそも東京駅に赤レンガが使われたのは、明治期の日本が西洋への憧《あこが》れを抱いていたからだ。しかしながら、当時の日本にレンガ工場などなかった。そこで実業家の渋沢栄一《しぶさわえいいち》が、みずから日本煉瓦《れんが》製造会社を故郷の深谷に設立し、同社で生産されたレンガを東京駅に使った。深谷市はその歴史にちなんで、東京駅のそっくり駅を建てたのである。

ただし、深谷駅は橋上駅舎のため、間口《まぐち》は東京駅の6分の1になっている。また、本物の赤レンガを積むと重すぎるため、赤レンガを模したタイルが使われている。つまり、あくまで東京駅モドキなわけだが、人気は上々だという。

いっぽう、関西のそっくり駅は南海電鉄南海本線の浜寺《はまでら》公園駅である。この駅は明治30年（1897）に開業し、明治40年（1907）に難波《なんば》—浜寺（のちに浜寺公園と改称）間が電化するさいに建て替えられた。

洋風の木造駅で、中央と左右に駅を振り分けたスタイル、三角屋根といったデザインが本家の東京駅によく似ている。

ここでひとつ疑問が浮かぶ。前項で述べたとおり、東京駅の開業は大正3年（1

東京駅と似ている「浜寺公園駅」

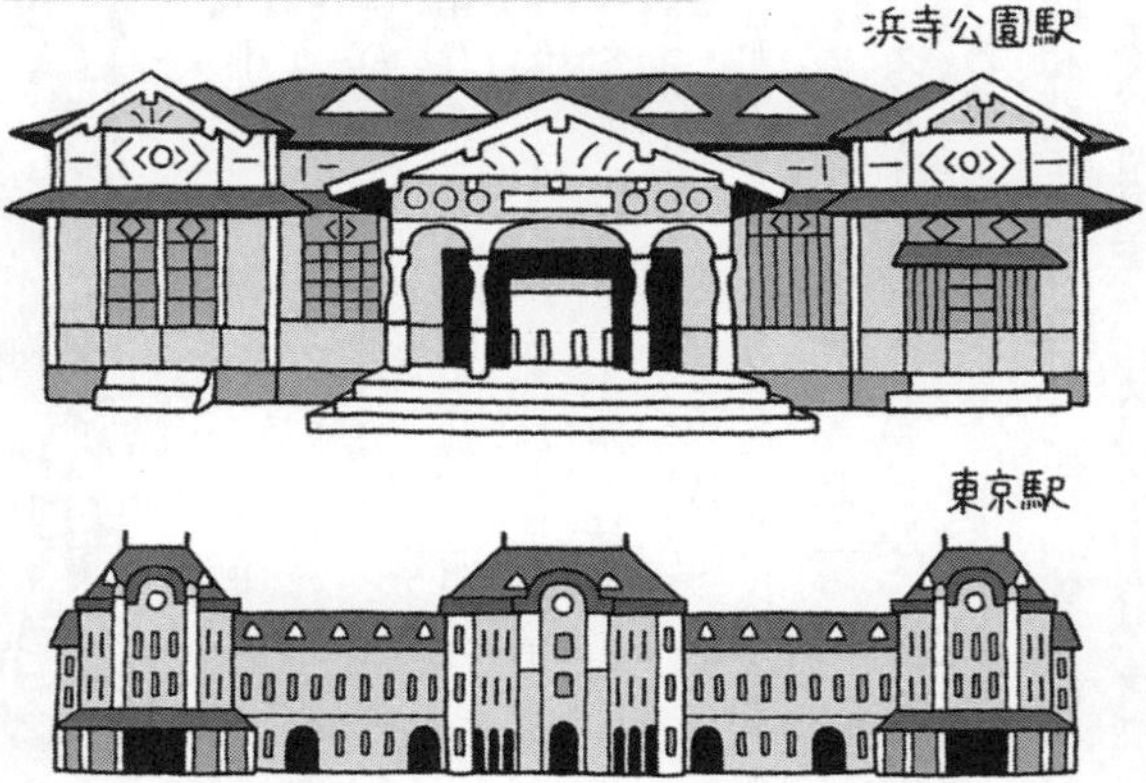

914）で、浜寺公園駅の駅舎が建てられたのは明治40年。

つまり浜寺公園駅は、東京駅よりも先に建設されているのだ。それなのになぜ、東京駅に似ているのか。

じつは、浜寺公園駅の設計者は、東京駅を設計した建築家の辰野金吾だった。辰野は、友人の片岡安《かたおかやすし》とともに浜寺公園駅を手掛けたあとに、東京駅を手掛けたのだ。

設計者が同じなのだから、完成した建築物が似ていてもなんら不思議はない。むしろ、浜寺公園駅を東京駅の〝そっくり駅〟というのは失礼な話で、じつは浜寺公園駅のほうが東京駅の〝先輩格〟なのである。

伝統のある駅

歴史ある繁華街を持つ東西ふたつの駅のドラマ

当時は最先端だったのに、時代の流れとともに、置かれた位置が変わってしまうということはよくある。それは鉄道の駅でも同じだ。そこで、伝統的な関西と関東の駅の、過去と現在の繁栄度をくらべてみよう。

現存する私鉄の駅で最古とされているのが、関西の南海電鉄南海本線・高野《こうや》線の「難波駅」である。難波駅は、明治18年（1885）、阪堺《はんかい》鉄道（当時）の駅として開業したが、阪堺鉄道が南海鉄道（南海電鉄の前身）に合流したために、南海電鉄の駅となって現在にいたっている。

昭和7年（1932）になると、南海本線と並行して走る、現在のJR阪和線と乗客をめぐっての争奪戦が起こった。そこで、サービスの向上を目的に南海ビルができ、ターミナルデパートとして髙島屋が開店。難波駅は、大阪ミナミの起点駅になったのである。

昭和25年（1950）には、難波駅の目の前に大阪球場ができ、飲食店や劇場だけでなく、南海ホークスのホームグラウンドとしてもにぎわうようになった。

その後、南海ホークスはダイエーが親会社となって福岡に移転したが、駅周辺にはショッピングセンター「なんばCITY」がつくられたり、36階建てのサウスタワービルが建設されるなど、付帯《ふたい》設備をつねに加えながら、総合ターミナル駅としての実力をつけていったのである。

平成6年（1994）には、関西国際空港を利用する人のためのチェックインカウンターを構内に設置し、関空行き特急も走らせるようになった。大阪市営地下鉄御堂筋《みどうすじ》線、四つ橋《よつばし》線、千日前《せんにちまえ》線やJR、近鉄の駅も近接しており、難波駅は今も昔も大阪の中心駅のひとつとしての地位をしっかり守っている。

関東の伝統ある私鉄駅といえば東武伊勢崎線の「浅草駅」である。昭和6年（1931）、浅草雷門《かみなりもん》駅として開業し、昭和20年（1945）に浅草駅に改称した。

人々を驚かせたのは、浅草東武ビルを完成させ、2階部分を駅にしたことだ。さらに直営ではないものの、このビルには百貨店の松屋が出店し、関東初のターミナルデパートとなった。

しかし、駅開業当時から、すでに庶民の街として発展していたため、単体で駅をつくるだけの広い用地を確保することがむずかしく、苦肉の策としてビル内に駅をつくったという経緯もあり、現在でも駅の拡張はほとんどできていない。

また、ビル内の松屋デパートは、平成22年（2010）5月31日に4階以上のフロアから撤退、現在は地下1階から3階までのフロアのみで営業しており、その規模を縮小している。

こうしてみると、機能を追加して進化する関西の難波駅にくらべて、関東の浅草駅は都市部の駅だけに、思うような拡充ができず、開業当時とほとんど姿が変わっていない。もっとも、そこが「レトロでよい」と評価の対象になっている。

番線数

京都駅を「日本一」にした〝数字のマジック〟とは？

駅ではホームごとに「番線」と呼ばれる番号がつけられており、番線の数が多いほどホームの数も多い。では、日本でいちばん、番線数が多い駅はどこかご存じだろうか。

もちろん、番線の数が多いということは、それだけ大きな駅ということを意味する。したがって、関東のJR東京駅を思い浮かべる人が多いかもしれない。しかし、答えは東京駅ではない。関西のJR京都駅だ。

JR京都駅の番線数は、なんと34。東京駅は28なので、6つも多いことになる。

いわれてみれば、古都・京都は相変わらず観光地として人気があり、外国人観光客も多い。関西空港や山陰地方へ続く路線もある。

もっとも、これはあくまで数字上のこと。実質の番線数では、やはり東京駅がトップになる。どういうことかというと、京都駅では0番線（旧1番線）から10番線に在来線用のプラットホームが6面あり、11〜14番線には新幹線用のプラットホームが2面、30〜34番線には山陰線と関空特急用のプラットホームが2面ある。

つまり、15〜29番線は欠番となっており、じっさいには存在していない。乗客が勘違《かんちが》いしないように、ホームの番線は在来線が一ケタ、新幹線は10番台と決まっているのだ。

また、山陰本線特急と関空特急「はるか」にかんしては、ほかの在来線とまちがわないようにとの配慮から、あえて30番台をつけた。こうした理由で、京都駅には34番線（34番線は降車専用）まで存在しているが、じっさいの番線数は19である。

東京駅にも欠番はあるが、京都駅のようにごそっとまとまっているわけではない。11番線から13番線の3つだけだ。東京駅の場合、じっさいはプラットホームが地上10面、地下4面あるので、合計28番線まで存在することになる。

地上のプラットホームは11〜13番線を除くと、順序よく番号がつけられており、もっとも数の大きい番線は東北・秋田・山形・上越・長野新幹線の23番線。ちなみに、地下のプラットホームはＢ５とＢ６の2面ずつがあり、それぞれ１〜４番線とつけられている。

このように、京都駅は、数字のマジックで〝番線数日本一〟の座を射止めたわけだが、ホームの長さにかんしては実質的な日本一を誇っている。

京都駅には、全長が５５８メートルというホームがある。３２３メートルの０番線と２３５メートルの30番線が同じホームにあり、東側が0番線、西側が30番線とふたつの番線が合体したかたちになっているため、これほどの長さになったのだ。

駅間距離

ひと駅歩くにも関西ではひと苦労だって?!

仕事が忙しくて運動不足気味の人は、ひとつ手前の駅で降りて歩いてみよう！このアドバイスを聞いて、「なるほど。それなら私にもできるかも」と思ったなら、おそらくあなたは関東在住だろう。逆に「ええっ、そんなの無理！」と思ったなら、関西在住の可能性が高い。

というのも、関東と関西では、駅と駅のあいだの距離がかなりちがうからだ。関東と関西で駅間の距離をくらべてみると、関西のほうが長く、ウォーキングはかなりハードなものになる。

たとえば、JR山手《やまのて》線の平均駅間は約1・19キロ、JR京浜東北線は1・74キロなのにたいして、JR神戸線は2・45キロになる。

山手線のなかでも西日暮里《にしにっぽり》―日暮里間はわずか500メートルだから、ひと駅手前の駅で降りてウォーキングというのも、それほど苦にならない。

しかも、関東の地下鉄には西日暮里―日暮里間よりも短いものもある。東京メトロ丸ノ内線の新宿―新宿三丁目間は、なんと300メートルしか離れていないのだ。

では、もっとも長い駅間はどこかというと、JR東海道新幹線の京都―米原《まいばら》間の68キロになる。もっとも、この「68キロ」はあくまでじっさいの距離で、営業キロでくらべると、JR山陽新幹線の岡山―相生《あいおい》間の67・9キロがいちばん長い。

いずれにしても、関東よりも関西のほうが駅間距離が長いという傾向に変わりはない。ただし、JR大阪環状線と阪神電鉄本線だけは例外である。大阪環状線の平均駅間距離は約1・1キロ、阪神電鉄にいたっては1キロ未満だ。だから、関西在住で健康のための通勤ウォーキングをはじめようというのであれば、まずは無理せず大阪環状線や阪神電鉄本線を選ぶとよいだろう。

女性駅長

鉄道ウーマンにとって東西ともに壁は厚いの?

昔は、鉄道というと「おカタい職場」「男の世界」といったイメージが強かった。じっさい、旧国鉄時代は女性職員が全体の1パーセントにも満《み》たず、民営化されてＪＲへと変革をとげてからも、「男の職場」感はなくならなかった。

女性に活躍の場が与えられるようになったのは、平成11年（１９９９）に労働基準法が改正され、女性の時間外労働や休日労働、深夜勤務の規制が緩和《かんわ》されてからのことだ。これを機に、ＪＲなどの鉄道会社でも女性社員の割合が増えはじめ、女性の運転士や車掌《しやしよう》の姿も見られるようになった。

しかし、運転士や車掌をつとめる女性はいても、駅長となると、いまでもほとんどいない。駅全体を管理する駅長になるには、厳しいハードルを越える必要があり、もともと採用人数が少なかった女性のなかから、その地位にまでのぼりつめる者はなかなか出てこないのだ。この傾向は関東、関西ともあまり変わらない。しかし、それでもＪＲ東日本では、現在ふたりの女性駅長が活躍している。

そのふたりとは、平成22年（２０１０）に着任したＪＲ中央線快速・各駅停車四《よ》ツ谷《や》駅の駅長とJR山手線目白駅の駅長だ。女性が駅長をつとめた駅は過去に4つあったが、東京都内の女性駅長はJR史上初だった。また東京メトロでも、戦後初となる女性駅長が霞ケ関《かすみがせき》駅に就任している。

このように、関東では女性を駅長に登用する動きがじょじょに見られるようになってきている。ところが現在、関西には女性の駅長がひとりもいない。

もっとも、これはJR西日本がJR東日本よりも保守的だったからというわけではない。平成14年（2002）には、JR神戸線の六甲道《ろっこうみち》駅の駅長として女性が採用されているし、それ以前にも採用例が1件ある。

いまは男女平等の世の中だが、鉄道業界ではまだ圧倒的に男性のほうが多い。JRの全社員に占《し》める女性の割合は6・6パーセント（平成22年現在）だ。今後は鉄道マンだけでなく、鉄道ウーマンがもっと増えていくことが望まれる。

駅ナカビジネス

まるで一流デパート?! 規模を広げる東を、西が追う

少し前まで、駅構内での買い物といえばキヨスクだった。キヨスクはJRグループ各社が展開する駅構内の小型売店で、朝刊を読みたくなったとか、眠気《ねむけ》覚《ざ》ましの

コーヒーが飲みたい、忙しくて食事ができなかったのでパンでも買いたいなどといったときに、いつでも気軽に利用できる。駅には必要不可欠の存在だ。

ところが最近、関東の駅では、キヨスクよりもはるかに充実したショッピングモールが次々とつくられ、利用客の人気を集めている。

ブームのきっかけは、平成17年（2005）に埼玉県のJR大宮駅構内にオープンした「エキュート」だ。エキュートには惣菜《そうざい》やスイーツがあふれ、書店やカフェが併設され、まるで一流のデパートのようなつくりになっている。

駅構内にあるので、交通の便は申し分ない。また、ふだんデパ地下に入りづらいという男性がふらっと立ち寄れるということもあり、客足は上々だという。

このJRの成功に触発《しょくはつ》されて、東京メトロも表参道駅に「エチカ」、池袋駅に「エチカ」と「エソラ」をオープンさせた。

さらに、大手私鉄各社が駅構内に大手コンビニを誘致しているほか、高級チョコレートの「ゴディバ」がJR新宿駅西口改札近くに店舗を構えたり、「ルイ・ヴィトン」が首都圏の駅に店舗を出したりと、およそ駅とは無縁だったブランドまでが〝駅ナカビジネス〟に進出している。

関西でも、駅ナカビジネスが熱を帯《お》びてきている。平成22年（2010）9月に

JR大宮駅の中央改札内にある「エキュート（ecute）」

は、近鉄が大和西大寺《やまとさいだいじ》駅にショッピングモール「タイムズプレイス」をオープンさせた。約30億円を投じて、奈良ブランドに特化した店を集めたものだ。メインターゲットは観光客だが、買い物客が無料で改札内に入場できるサービスも行なっており、地元住民も数多く訪れている。

また、阪急電鉄は梅田駅で「プラムキューブ」というスイーツショップをはじめた。ひとつの店舗スペースに4つのショップが入るというスタイルで、季節ごとに人気店が入れ替わることで話題を呼んでいる。

現在のところ、駅ナカビジネスは関東が優勢だが、今後は関西も勢いを増してくることだろう。

ねこに、子ざるに、うさぎさん…ローカル線を支える動物駅長たち

CM業界では「動物と子どもには（どんな人気タレントも）かなわない」といわれるが、たしかに動物や子どもの可愛らしさは人をひきつけてやまない。

そこで鉄道会社も自社の宣伝のために動物の魅力にあやかって乗降客を増やそうという戦略をとっている。和歌山駅から貴《き》志《し》川《がわ》（現在の紀《き》の川市）までの全長14・3キロを結ぶ和歌山電鐵《でんてつ》貴志川線は、終点の貴志駅にねこの駅長を就任させた。

その猫の名は「たま」。メスの三毛猫で、駅長用の帽子をかぶり、乗客を出迎える。

たまが駅長に就任したのは平成19年（2007）1月のことだった。無人駅となった貴志駅に活気を取り戻そうと、駅隣の売店にいた「たま」が抜擢《ばってき》されたのだ。駅長就任後まもなく、たまの可愛らしい姿が若い女性を中心に話題となり、その姿を見るためだけに貴志川線に乗るという乗客も増えた。

翌年には、フランスのドキュメンタリー映画『ネコを探して』（ミリアム・トネロット監督）のオファーをもらい、日本代表のねことしてスクリーンデビューを果たし、平成21年（2009）には、たまをモチーフにした「たま電車」が登場している。

これだけ活躍しているたまだが、報酬はキャットフードだけ。それでも駅長としての貢献度が評価され、現在は「スーパー駅長」および「和歌山電鐵執行役員」

へと昇格している。

たまを駅長にしたのは、合理化による人件費カットのためだったようだが、いまや貴志駅のみならず日本の〝顔〟になるほど高い人気を誇っている。

いっぽう、兵庫県と同県の加西市《かさい》などが運営する第三セクター北条《ほうじょう》鉄道の北条町駅には、子ざるの駅長がいる。こちらの駅長はオスとメスのカップル。

もともとは地元の温泉施設である湯元館で飼育されていたのだが、北条町駅の活性化のために白羽の矢が立てられ、平成22年（2010）10月に駅長に就任した。

そして山形鉄道フラワー長井《ながい》線の宮内《みやうち》駅ではうさぎが駅長を務めている。名前は「もっちぃ」。長井線には「白兎《しろうさぎ》駅」があることから、近くの農業高校から生まれたばかりのもっちぃを譲《ゆず》り受けた。

また、「ぴーたー」と「てん」という名の茶色のうさぎもおり、もっちぃをサポートする駅員として勤務。

さらに、駅前のそば屋からはクサガメの「カメ吉」も非常勤助役として、もっちぃを補佐している。

〝日本一長い駅名〟をめぐるデッドヒートの行方

いまから20年前の平成2年（1990）、茨城県の鹿島臨海鉄道大洗《おおあらい》鹿島線に「長者《ちょうじゃ》ケ《が》浜《はま》潮騒《しおさい》はまなす公園前」という非常に長い名前の駅が開設された。

鹿島臨海鉄道はもともと第三セクターだったが、沿線の自治体が株主になると、どうにかしてたくさんの乗客を集めようということになった。

株主のひとつである大野村（当時）は日本一長い駅名の駅をつくることを決意し、海の見える公園をつくって「潮騒はまなす公園前」と命名した。

しかし、この駅名ではそれまで日本一だった札幌市交通局の「西線《にしせん》9条《くじょう》旭山《あさひやま》公園通《こうえんどおり》」の9文字、かな書き20文字に勝てないので、地元に伝わる長者伝説を利用して「長者ヶ浜」を頭につけ、正式表記13文字、かな書き22文字の「長者ヶ浜潮騒はまなす公園前」駅としたのである。

こうして長者ヶ浜潮騒はまなす公園前駅は日本一長い駅名になったものの、平成4年（1992）には熊本県の南阿蘇鉄道高森《たかもり》線に「南阿蘇水の生まれる里白水《はくすい》高原」という正式表記14文字、かな書き22文字の駅が誕生する。

かな書きでは長者ヶ浜潮騒はまなす公園前駅と同じ22文字だが、正式表記では南阿蘇鉄道のほうが1文字多く、日本一の座を奪い取ったのだ。

さらに平成13年（2001）には、島根県の一畑《いちばた》電車北松江線に「ルイス・C.

ティファニー庭園美術館前」駅という正式表記18文字、かな書き25文字が開設され、またもや王座が代わった。

ところが平成19年（2007）3月、ルイス・C．ティファニー庭園美術館が閉館してしまったため、駅名は「松江イングリッシュガーデン前」駅に変更される。けっきょく、現在は熊本県の「南阿蘇水の生まれる里白水高原」駅が日本一長い駅名となっている。

老若男女問わず大人気！「幸運を招く駅」とは？

ご利益《りやく》のある場所には人が集まるものだ。鉄道ファンのなかにも、日本各地に点在する「訪れるだけで幸福になれる駅」をめぐり歩いている人が少なくない。

その幸福駅のなかで、もっともポピュラーな駅のひとつが、熊本県のくま川鉄道の「おかどめ幸福駅」だ。

この駅は、ただ単に駅名に「幸福」の二文字が入っているわけではない。ご利益には、ちゃんとした裏付けがあるのだ。

おかどめ幸福駅が「幸福」を前面に出した駅として誕生したのは、平成元年（1989）である。くま川鉄道発足とともに新設されたが、すぐ近くに岡留熊野座《おかどめくまのざ》神社があったことから、その名がついた。

岡留熊野座神社の創建は1280年と古く、祀《まつ》ってある神様はイザナギノミコトとイザナミノミコト。

1281年の蒙古《もうこ》襲来のさいに、はじめてご利益が現れた。すなわち、蒙古が攻めてきたとき、この地方を治めていた相良《さがら》藩の藩主相良頼俊《よりとし》が一族の無事と日本の勝利をこの神社に祈願したところ、いわゆる〝神風〟が吹き、被害をまぬかれたという。

それ以来、岡留熊野座神社は幸福をもたらす神社として尊崇《そんすう》されはじめ、くま川鉄道もご利益にあずかることになった。

おかどめ幸福駅ではハート形のケース入り「幸福への切符」が販売されている。また、駅前ポスト「幸福ゆきPOST」も大人気で、住民自慢のハッピースポットになっている。

さらに、長野県のJR飯山《いいやま》線の飯山駅も幸運を招く駅として知られている。

周辺に寺社が多い飯山駅は、一度訪れるたびにひとつ願いがかない、7回訪れれば、人生における大切な7つの願いがかなうとされている駅。

ホームには鐘楼《しょうろう》が設置してあり、列車の停車時間には鐘を鳴らす乗客も後を絶《た》たない。大みそかになると、飯山駅からの鐘が聞こえるのが冬の風物詩になっている。

7

鉄道おもしろ秘話！西と東、第一号はどっち？

地下鉄への冷房車導入、
東が西に後れをとった事情とは？

電車第一号

日本初の営業用電車はやっぱり首都・東京を走った？

日本初の鉄道路線が、明治5年（1872）9月12日（旧暦。新暦では10月14日）に新橋（汐留《しおどめ》）―横浜（現在の桜木町）間で本開業されたことは、よく知られている。当時、同駅間は28・8キロメートルあり、イギリス製の「蒸気機関車」が53分かけて走った。

では、日本ではじめて「電車」が走ったのはどこだろうか。おそらく、多くの人が「明治維新後、首都となった東京」と答えるにちがいない。この解答は正確にはまちがいだ。

日本ではじめて電車が紹介されたのは、明治23年（1890）に東京の上野公園で開催された第3回内国勧業《ないこくかんぎょう》博覧会でのこと。日本初の電力会社である東京電燈《でんとう》会社が、アメリカから買い入れた2両の電車を、公園内で約400メートルほど走らせたのである。

しかし、これはあくまで展示運転であり、営業ではない。営業用として実用化された電車がはじめて走ったのは新首都・東京ではなく、古都・京都であった。明治

京都電気鉄道が走らせた、日本初の“営業用電車”（鉄道博物館所蔵）

28年（1895）、京都電気鉄道（京都市電の前身）が塩小路《しおこうじ》東洞院通《ひがしとういんどおり》から伏見《ふしみ》町（現在の京都市伏見区）の下油掛《しもあぶらかけ》までの約6・5キロを走らせたのが最初となった。

京都が東京に先んじたのは、京都の近代化政策に関係がある。

明治以降、京都は東京の近代化に遅れてなるまいと、近代産業の振興《しんこう》に力を入れていた。明治24年（1891）には、一般営業用としては日本初の水力発電所を完成させており、この発電所からの電力を利用して電車を走らせてはどうかという意見が出されていた。

もちろん、東京でも電車の事業化は計画されていたが、京都では発電所の電力が存分に使えたことや、観光客・神社参拝客による相当数の利用客が見込めたことから、先んじて電車の実用化を実現できたのである。

関東で電車の運行が実現したのは明治32年（1899）のこと。川崎大師への参詣《さんけい》路線として建設された大師電気鉄道だ。

また東京では、明治15年（1882）より、東京馬車鉄道が一般道路の上にレールを敷《し》いて、馬に列車を引かせる「馬車鉄道」を走らせていた。だが、京都で電車が実用化されたり、輸送量が増えたりしたため、明治36年（1903）に電車の導入を決めた。東京馬車鉄道は「東京電車鉄道」と名前を改め、品川—新橋間で初の電車営業を開始。そして、明治末期には東京の市電の一部となり、のちに東京都電に成長することとなる。

JRと私鉄の競争

東は私鉄よりJRが強く、西は私鉄が強い謎

東京と大阪のJR・私鉄が描かれた路線図をくらべると、どちらもよく似ていることがわかる。東京はJR山手線《やまのて》があり、山手線が描く円に向かって私鉄が延《の》びている。いっぽうの大阪も、東京と同様にJR大阪環状線が描く円に向かって私鉄が

延びている。

しかし、私鉄の終着駅の場所を見てほしい。東京の場合、多くの私鉄の終着駅が山手線の駅に併設されていることがわかるはずだ。

昭和30年代からはじまった地下鉄との相互《そうご》乗り入れによって、山手線の円のなかを走る私鉄も存在してはいるが、それはあくまで地下鉄路線であり、私鉄が自力で山手線内部に入りこんだわけではない。

おまけに大半のターミナル駅はＪＲの駅とセット。東武鉄道の浅草駅と京成電鉄の京成上野駅はＪＲの駅から完全に独立しているターミナル駅だが、山手線の円の内側にあるのは京成上野駅だけ。つまり東京の私鉄は、山手線に阻《はば》まれるようなかたちで路線を引いているのである。

いっぽう大阪の私鉄は、ＪＲ大阪環状線の円内に終着駅がある。

たとえば南海電鉄の難波《なんば》駅、阪神電鉄の梅田駅、京阪《けいはん》電鉄の中之島《なかのしま》駅などは、みな環状線の内側に位置している。さらに阪神電鉄と近鉄は、平成21年（２００９）に相互乗り入れを実現させ、環状線を貫《つらぬ》いて奈良と神戸を行き来する直通電車を走らせている。

こうした山手線と大阪環状線の路線図のちがいは、そのまま関東と関西における

ＪＲと私鉄の力関係を表している。つまり、関東ではＪＲが強く、関西ではＪＲと私鉄がしのぎを削《けず》りながら共存しているのだ。

だが、私鉄の規模をくらべると、関東のほうが関西より大きい。それにもかかわらず、なぜＪＲとの力関係は異《こと》なるのだろうか。その理由を探るには、大正時代にまでさかのぼらなければならない。

大正政府は、ＪＲの前身である国鉄を整備するさい、首都・東京を関西よりも優先して行なった。大正14年（１９２５）には山手線の環状運転がはじまり、都市部の輸送が任された。

しかしその結果、私鉄は都心部に入れなくなってしまう。私鉄には、郊外に住む労働者を山手線まで運ぶ役割が求められ、そこから先は国鉄の役目となった。これにより、東京では国鉄優位の勢力図ができ上がったのである。

いっぽう、関西には長く環状線が敷かれず、その完成は昭和30年代まで待たなければならなかった。

そのため、私鉄は国鉄に阻まれることなく路線を延ばしていった。そして環状線が運転を開始してからも私鉄の成長は止まらず、「私鉄王国」と呼ばれるまでに勢力を拡大していったのだ。

永遠のライバルとされるＪＲと私鉄。現在のような両者の力関係が確立されるまでには、こうした歴史的経緯があったのである。

創業者　東西を代表する2人の実業家は鉄道経営に、どう挑んだのか？

関西の阪急電鉄と関東の東急電鉄は、何かにつけて比較されることが多い。たしかに、どちらも電鉄コンツェルンによって設立された日本有数の私鉄であり、似ている部分もあるが、決定的なちがいもある。

阪急電鉄の創業者は小林一三《いちぞう》である。小林は明治40年（１９０７）、箕面有馬《みのおありま》電気軌道（現在の阪急宝塚本線・箕面線）を設立し、明治43年（１９１０）に梅田―宝塚間を開通させた。

そしてほぼ同時期には、経営の安定化を図《はか》るために、沿線の宅地開発や温泉、動物園、宝塚唱歌隊（現在の宝塚歌劇団）などの事業にも乗り出した。日本の鉄道会社の多くは、本来の鉄道事業のほかに不動産、百貨店、ホテル、レジャー施設などグループの子会社をつくって多角的な事業展開をしているが、そうした経営手法を生み出したのが小林一三なのである。

箕面有馬電気軌道は、大正7年（1918）に阪神間に参入して「阪神急行電鉄」と名前を変える（のちに「京阪神急行電鉄」をへて「阪急電鉄」に社名を変更）。さらには梅田駅に電鉄系百貨店の第1号である阪急百貨店をつくり、デパート経営にも乗り出した。この梅田店（現・阪急うめだ本店）は、いまでは関西一の売り上げを誇《ほこ》る百貨店に成長している。

この小林の経営手法を模《も》して東急電鉄を起こしたのが五島慶太《ごとうけいた》である。五島は大正11年（1922）、田園調布《でんえんちょうふ》をはじめ、沿線の開発を主目的に設立された田園都市株式会社の鉄道部門を受け継いで「目黒蒲田《かまた》電鉄」を設立した。これが東急電鉄のはじまりである。開業にあたり、田園都市株式会社は小林一三に参画《さんかく》を求めたが、小林はそれを辞退して五島慶太を推《お》したといわれている。

五島は小林の多角的経営手法を積極的に取り入れ、阪急沿線の分譲地をモデルにして田園調布などの開発を実施、阪急百貨店を模して、渋谷に東横《とうよこ》百貨店（現在の東急百貨店東横店）を創業した。

小林を手本にして、大規模な電鉄コンツェルンを確立していった五島。こうして見ていくと、ふたりは経営手法をはじめ、よく似ているように思えるが、「官」とのつながりについては大きなちがいがあった。

五島慶太（左）と小林一三

小林は慶應義塾大学出身で民間経営に徹し、官庁からの天下《あまくだ》りはいっさい採用しなかった。

いっぽう、五島は東京帝国大学（現在の東京大学）から官庁に進んだ役人だったので、官僚をどんどん自社に採用し、当時の鉄道省との関係を深めていった。つまり、小林が「官」から独立しようとしていたのにたいし、五島は「官」への依存度を高めてグループを成長させようとしたのだ。

どちらも偉大な創業者であることにちがいはないが、経営の根本的な理念は異なっていたのかもしれない。いずれにせよ、今後も阪急と東急の事業展開からは、目が離せない。

発車メロディー

おなじみの〝発メロ〟は関西生まれの関東育ち

JR京浜《けいひん》東北線蒲田駅の『蒲田行進曲』、JR山手線高田馬場《たかだのばば》駅の『鉄腕アトム』、JR中央線三鷹《みたか》駅の『めだかの学校』……。近年は、列車の発車を知らせるメロディーとして、ご当地ソングやアニメの主題歌など、いろいろな音楽が採用されている。耳あたりがよく、認知しやすいということで、乗客の評判も上々だ。

こうした発車メロディーはすっかり定着した感があるが、日本に鉄道が誕生した当初、列車の発車を知らせる合図は、太鼓《たいこ》をドンドンと打ち鳴らす音だった。

しかし、すぐに太鼓から鐘の音に替わり、明治45年（1912）には、電気じかけの発車報知機が登場、ホームにジリジリリという大きなベルの音が鳴り響くようになった。

しかし、各ホームで数分おきに鳴るベルの音は、駅の利用者や周辺住民からの苦情を生んだ。そのため、鉄道会社は試行錯誤《さくご》をくり返し、プルプルという電子音に替えたり、車掌《しやしよう》のホイッスルを利用するなどして、不評を覆《くつがえ》そうとした。

そうしたなか、現在のような発車メロディーが登場したわけだが、この発車メロディーを最初に採用したのは関西の京阪電鉄だといわれている。昭和45年（1970）、淀屋橋《よどやばし》駅で特急と急行電車の発車合図として、ドミソの音階を奏《かな》で、和音で締めくくったのである。

つまり、発車メロディーの元祖は関西だったことになる。だが、これを日本全国に広めた立役者《たてやくしゃ》は、関東を中心に事業を行なうJR東日本なのだ。

昭和62年（1987）4月に民間鉄道会社として発足《ほっそく》したJR東日本は、イメージアップのために新しい試みをたくさん行なった。そのひとつが「うるさい！」と不評を買っていた発車ベルの改善だった。

JR東日本は、音響メーカーのヤマハに発車メロディーの開発を依頼。ヤマハは「耳ざわりでない」「乗客に注意を喚起《かんき》させる」「どのホームの列車が発車するのかを識別《しきべつ》できるよう、ホームごとにちがう曲を用意する」「各ホームのメロディーが一斉《いっせい》に鳴ったさいに不協和音を奏でない」といった難題をつぎつぎとクリアし、見事、発車メロディーをつくり上げた。

こうして誕生した発車メロディーは、平成元年（1989）に新宿駅と渋谷駅に導入された。すると、これが乗客や駅付近の住民からの好評を得て、他の駅でも採用されるようになったのである。

東西・有名な駅メロディー（終了したものも含む）

種別	曲名	使用路線・駅
発車	『蒲田行進曲』	ＪＲ蒲田駅
発車	『鉄腕アトム』	ＪＲ高田馬場駅
発車	『翔べ!ガンダム』	西武新宿線上井草駅
発車	『踊る大捜査線のテーマ』	東京臨海高速鉄道りんかい線東京テレポート駅
発車	『銀河鉄道999』	西武池袋線大泉学園駅
発車	『たきび』（冬のみ）	北大阪急行千里中央駅
発車	『ウィスキーが、お好きでしょ?』	ＪＲ新橋駅
接近	『夏色』	京浜急行上大岡駅
接近	『人間みな兄弟〜夜がくる〜』	ＪＲ島本駅
接近	『桜』	ＪＲさくら夙川駅
接近	『かもめの水兵さん』	ＪＲ須磨海浜公園
接近	『メリーさんのひつじ』	ＪＲ加古川駅
接近	『線路は続くよどこまでも』	阪神電鉄（一部駅を除く全線）
接近	『フニクリ・フニクラ』	北大阪急行（江坂駅を除く全線）

その後、発車メロディーは驚くべきスピードで普及していく。

ＪＲ西日本、ＪＲ九州といったＪＲグループはもちろん、東武鉄道やつくばエクスプレス、名古屋鉄道、阪急電鉄、阪神電鉄といった全国各地の私鉄でも導入されるようになった。

なかでも京浜急行は、発車メロディーにとどまらず、列車接近を知らせる音として『ゴジラ』や『横須賀ストーリー』『人生いろいろ』といった曲を採用するなど、いまでは各社が創意工夫して乗客を楽しませている。

関西で生まれ、関東で育てられて全国へ広まった発車メロディー。今後、どういったものが登場するのか楽しみだ。

地下鉄の冷房車

東京が、関西に後《おく》れをとった事情

いまでは地上を走る路線も、地下鉄も、冷房がついているのが当たり前になっている。しかし、地下鉄の冷房化は意外と遅い。なんと20年ほど前までは、車両の冷房は一般的ではなかったのである。

日本民営鉄道協会が発表した関東民鉄各社の車両の冷房化率調査（昭和63年〈1988〉夏時点）によると、西武鉄道が約99パーセント、小田急電鉄95パーセント、京浜急行100パーセントと、私鉄各社が軒並《のきな》み80〜100パーセントという高い比率なのにたいし、営団地下鉄（現在の東京メトロ）はわずか10パーセントにすぎなかった。

地上路線の冷房化は順調に進んでいたにもかかわらず、なぜ地下鉄は遅れたのか。原因は、技術的な問題がクリアできなかったことにある。

車両内を冷房する場合、車外への排熱を行なう必要があるが、トンネル内に熱を放出すると、トンネル内に熱がこもり、駅構内が暑くなってしまう。

また、地下鉄創設当時の路線はトンネル断面が小さく、ほぼ車両断面とサイズが同じだったため、車両に冷房設備をつけることができなかった。こうした問題を解決するのに長い時間を要したのである。

だが、その地下鉄でも、排熱技術の進歩や冷房装置の小型化がなされたことにより、少しずつではあるが、冷房化が実現していった。関西では、昭和52年（1977）に神戸市営地下鉄が日本ではじめて冷房を導入、東京の営団地下鉄も昭和63年に冷房化に踏み切った。

しかしながら、営団地下鉄が冷房化に取り組みはじめた当時、すでに京都、神戸、福岡の市営地下鉄は冷房化率100パーセントを実現しており、横浜、名古屋でも50パーセントに達していた。いったいなぜ、首都・東京はこれほどまで遅れたのだろうか。

じつは、東京の営団地下鉄は他の地域の地下鉄業者と冷房化にたいする方向性がちがっていた。先にも述べたとおり、車内を冷やすことによって車外に放出された熱がトンネル内にこもると、駅構内が暑くなってしまう。そこで営団地下鉄は、トンネルと駅を冷房化し、車内にはトンネルの冷気を取り入れようと考えていたのだ。つまり、他の地下鉄に先んじて、トンネル内や駅の冷房化に取り組んでいたわけである。

だが、トンネルや駅を冷房化するのはとてつもなく手間がかかる。そのうえ、相互乗り入れを行なう私鉄も、営団地下鉄の線内では冷房を止めなければならず、乗客の不評を買ってしまっていた。

そうした点を考慮した結果、営団地下鉄もようやく車両の冷房化に取り組むことになった。そして1990年代なかばには、冷房車比率100パーセントを実現したのである。

グリーン車

関東では定着したのに関西では姿を消した秘密

長時間乗っていても快適で、座り心地《ごこち》がいいグリーン車。このグリーン車は、新幹線や特急列車で贅沢《ぜいたく》な旅行気分を味わいたいときに乗るものと考えがちだが、かつてはそうしたイメージはなかった。

じつは、戦後しばらくは、関東も関西もほとんどの通勤電車にグリーン車（当時の三等級制での二等車）が連結されており、通勤に利用している人が多くいたのである。

グリーン車に大きな注目が集まったのが、戦後の高度経済成長期。関東の大都市圏の通勤人口は急速に膨張《ぼうちょう》し、激しい通勤ラッシュがはじまると、グリーン車人気が爆発した。少々料金がかかっても、通勤地獄を味わわずに座席に座って快適に出勤したいという人が増えたのである。関東では、東海道本線や総武快速線・横須賀線、東北本線、高崎線、常磐《じょうばん》線などに通勤グリーン車が設《もう》けられた。

いっぽう関西では、関東ほどの通勤ラッシュがなかったことや、並行して走るライバル会社との競争が激しく、普通車のサービス向上に力を注いでいたこと、そして経済観念の発達した関西人気質からグリーン車の利用が減ったことが原因で、人気が低迷。いつしかその姿を消してしまった。

〝グリーン車不要〟の風潮は、その後、関東にもまん延することになる。高度経済成長期をへて格差が小さくなるにつれて、グリーン車でなければ嫌だという階層が減ってきたのだ。だからといって、グリーン車がすべて消え去ったわけではなく、関東圏ではいまも、多くの通勤路線で活躍している。

テレビカー

京阪電鉄が、並々ならぬ熱意を注いだ理由とは？

長距離電車や豪華寝台特急にはテレビが搭載《とうさい》されていることが多く、目的地に着くまでのあいだ、席に座りながら好きな番組を楽しむことができる。しかし、こうしたサービスはあくまで距離の長い路線に限られたものであり、通勤通学などに使うふつうの電車にテレビはついていない。

ところが関西には、テレビ付き電車「テレビカー」を特別料金不要で見ることができる電車が走っている。それは京阪電鉄だ。

京阪電鉄がテレビカーを登場させたのは、昭和29年（1954）のこと。日本でテレビ放送がはじまったのが昭和28年（1953）だから、その翌年には電車内にテレビが導入され、それから半世紀以上、サービスを続けていくことになる。

関東でも、京成電鉄がテレビ放送開始後まもなく、特急にテレビを搭載していたことがあり、これが「テレビカー」のはじまりとされている。しかし、放送時間が列車の運行時間とうまく合わなかったこともあり、長くは続かなかった。

では、なぜ京阪電鉄のテレビカーは長期間存続しているのだろうか。

それは、京阪電鉄にとって、テレビカーはみずからの〝顔〟だったからだ。京阪電鉄が走る大阪—京都間は、テレビカー導入当時も、現在と同じように他社路線が多く走る激戦区。各社とも乗客確保のためにサービスや設備の工夫に余念がなかった。そこで、他社との競合に負けないようにあれこれ戦略を考え、サービスの一環としてテレビカーの導入を決めたのである。

テレビカー車内の様子

当時、テレビは非常に高価で、置いている家も少なかった。そのため、このテレビカーは乗客からたいへん喜ばれ、人気の車両となった。昭和46年（1971）にカラーテレビが搭載されたときも、大きな評判を得ている。

しかし、各家にテレビがあるのが当たり前となり、携帯電話でも視聴できるようになった現在、テレビカーの存在意義は、ほとんどなくなってしまった。京阪電鉄は、伝統を守る意味であえて続けてきたが、平成23年（2011）度をもって、テレビカーを全廃することを決めている。

日本の鉄道の発展とともに走り続けてきた列車が、時代の変化によって、またひとつ消えゆくことになったのである。

2階建て車両

「眺望」と「混雑解消」東西で異なる、誕生の動機

2階建て電車は、車窓からの眺《なが》めがよいことで人気がある。関東ではJR東北・上越新幹線「Ｍａｘ」や東海道本線、関西では近鉄や京阪電鉄の特急などがおなじみとなっている。

この2階建て電車、日本ではじめて走ったのは関西である。

第1号は、昭和33年（１９５８）に、近鉄が大阪市と三重県伊勢市を結ぶ路線で走らせた「ビスタカー」。当時、近鉄の社長だった佐伯勇《さえきいさむ》が、かつて車両視察のために訪れたアメリカで乗った展望車の豪華さ、そしてそこから見た景色に感動した経験などをヒントにして、２階建て車両導入を決定したといわれる。

ビスタカーは2階建て車両を連結した１００系新幹線（後述）が登場するまでは、日本で唯一の2階建て電車で、近鉄といえば「ビスタカー」と連想されるほど評判が高かった。現在は老朽《ろうきゅう》化した車体を一新し、座席もより快適にリニューアルした3代目の車両が、名古屋、京都、大阪とその沿線を結ぶ列車として活躍している。

いっぽう関東の在来線では、ビスタカーの登場から31年たった平成元年（１９８

新幹線E4系

9）に、はじめて2階建て車両が導入された。東海道本線を走る211系だ。これはグリーン車の部分のみが2階建てになっているタイプだった。

その後、東海道線の快速アクティーや湘南ライナーなどに使われた、全車両が2階建ての215系も登場。さらに、横須賀線と総武快速線を直通するE217系や、常磐線の中距離電車に運用されている415系にも2階建て車両が連結された。

これら関東の2階建て車両は、郊外から首都圏を結ぶ通勤電車のすさまじい混雑を解消するために導入されたものだ。

また、東北・上越新幹線に導入されたオール2階建ての車両E1系とE4系も通勤ラッシュ解消のため生まれた。E1系は東京—新潟間を結ぶ上越新幹線、E4系は上越新幹線と、東北新幹線の東京から仙台までの区間で運行されている（E4系は、平成23年（2011）春以降に、東北新幹線から撤退予定）。

新幹線ではじめて2階建て車両が導入されたのは、山陽・東海道新幹線の100系で、昭和60年（1985）に運行を開始している。

通勤時間帯に座席に座れれば、快適に一日のスタートを切れる……。関東を走る2階建て車両は、乗客のそうした思いを実現するために誕生しているのだ。

食堂車

〝走るレストラン〟は福沢諭吉の甥が生みの親?!

車窓を流れる景色を眺めながら味わう食事は、ひときわ格別なものがある。北斗星やトワイライトエクスプレスなどの豪華夜行列車には、食堂車が設けられており、〝走るレストラン〟として多くの乗客を楽しませている。

この食堂車という画期的なサービスが誕生したのは明治32年（1899）、関西でのことだった。私鉄の山陽鉄道（現在の山陽本線）が、京都—三田尻《みたじり》（現在の防府《ほうふ》）間の急行列車に食堂付き一等車を連結したのだ。

昭和初期の特急「燕」に連結されていた食堂車（鉄道博物館所蔵）

官設鉄道（のちの国鉄）に食堂車が登場したのは、その2年後の明治34年（1901）だから、山陽鉄道が先進的な鉄道会社だったことがよくわかる。

じつは、山陽鉄道の創業者は福沢諭吉の甥《おい》である中上川《なかみがわ》彦次郎という人物。彼は福沢の進歩的な精神を受け継いでおり、それが鉄道の経営理念にも生かされていたのではないかともいわれている。

登場当時の食堂車は一、二等の上級旅客専用の洋食堂車で、三等車の一般旅客は利用できなかった。しかし、明治39年（1906）には、鉄道利用客が増えたこともあって、新橋―神戸間を走る三等急行列車にはじめて和食堂車が連結され、誰でも利用できるようになった。

その後、第二次世界大戦の戦況が悪化すると、食堂車は使用が停止されてしまったが、昭和24年（1949）から再開。そして昭和30年代に入り、庶民に鉄道旅行を楽しむ余裕が生まれるようになると、食堂車は行列ができるほどの人気となる。

昭和49年（1974）には、新幹線にも食堂車がデビューし、たいへんな好評を博した。とくに昭和60年（1985）に東海道・山陽新幹線に期待の新顔としてお目見えした100系ひかりは、車窓を天井まで拡大したワイドビューの2階建て食堂車を連結していたため、大人気となった。

しかしこの〝走るレストラン〟も、しだいに陰《かげ》りを見せはじめる。長距離旅行が割安運賃が登場した航空機に取って代わられたこと、スピードアップにより、車内で食事をしなくてもすむようになったこと、食堂の従業員が不足したこと、駅弁やコンビニ弁当にくらべると割高であったことなどが原因だ。

食堂車は新幹線から姿を消し、最後まで孤軍《こぐん》奮闘していた「グランドひかり」（100系ひかり）の食堂車も平成12年（2000）に廃止された。

現在も活躍している食堂車は、関西圏・関東圏と北海道を結ぶ3本の寝台特急（トワイライトエクスプレス、カシオペア、北斗星）のみ。一時は旅情を彩《いろど》った食堂車も、スピード化と合理化の波に飲まれる結果となった。

駅弁

ナゾがナゾを呼ぶ？ 東西「駅弁発祥の駅」論争

鉄道旅行の最大の楽しみは何かと聞かれたとき、「駅弁」と答える人は意外なほど多い。では、その駅弁の元祖はいつごろ、どこで販売されたのだろうか。関東が先か、それとも関西が先だったのか。

日本で最初の駅弁についてはいくつかの説があり、関東と関西それぞれに候補地がある。

関東で有力なのは宇都宮《うつのみや》駅説だ。明治18年（1885）、上野―宇都宮間に日本鉄道が開通したさい、宇都宮駅で、梅干入りごま塩の握り飯2個とたくあんを竹の皮に包んで売ったというものである。昭和33年（1958）に発行された、社団法人日本鉄道構内営業中央会の書物に「白木屋という弁当屋がひとつ5銭で販売した」という内容の記述があり、これが根拠とされている。

いっぽう、関西には神戸駅説がある。昭和32年（1957）発行の『神戸全史』に記された年譜によると、宇都宮駅より8年も早い明治10年（1877）に、神戸駅で「立ち売り駅弁」が開始されたというのだ。

当時の立ち売りの様子

立ち売り駅弁とは、駅弁を積んだ箱を紐《ひも》で肩にかけて、「弁当〜、弁当〜」といいながらホームを歩き、列車の窓越しに売る駅弁屋のこと。かつてはどの駅にも駅弁の立ち売りがいて、乗客が窓越しに駅弁を買う光景が見られたが、いまでは日本全国に、わずか10人の立ち売りが残るのみとされている。ちなみに宇都宮駅では、その数少ない立ち売りの光景をいまも見ることができる。

また、関西には梅田駅（現在のＪＲ大阪駅）を駅弁発祥の地とする説もある。神戸駅説と同じ明治10年に、梅田駅で駅弁が売られたという文献《ぶんけん》が残っているのだ。

このように、日本初の駅弁をめぐっては諸説入り乱れていて、結論はいまだに出ていないというのが現状なのである。

自動改札機

画期的システムの導入は西と東、どちらが早い？

かつて駅の改札口には駅員が立ち、乗客が差し出す切符にハサミで切り込みを入れていた。それが駅の見慣れた光景だった。

しかしこの作業は、駅員にとってけっしてラクなものではなかった。乗降客が多い駅では大変な負担となったのだ。

そこで、駅員の負担の軽減と切り取った紙が床に散乱するのを防ぐため、鉄道会社は自動改札機の導入を検討しはじめた。昭和42年（1967）には、阪急電鉄千里《せんり》線の北千里駅に現在と同じような形状の自動改札機がはじめて設置され、関東にも平成2年（1990）から山手線への導入が進められた。この自動改札機に使われる乗車券は、裏が茶色または黒色の磁気カード式乗車券になっている。

ちなみに、磁気カード式乗車券ではなく、コインを投入すると回転するレバーが動いて人が入場できるというターンスタイル式の自動改札機ならば、昭和2年（1927）に東京の上野―浅草間に開業した地下鉄銀座線などに設置されていたのだが、広く普及するにはいたらなかった。この機械で対応できるのは1種類のコインだけで、行き先にかかわらず同一料金でなければ使えなかったからだ。


では、現在のような自動改札機が関西に登場してから、関東に本格導入されるまで、じつに20年以上のブランクがあるが、それはなぜだろうか。

じつは、関東に自動改札機を導入するには、やっかいな問題をクリアしなければならなかった。自動改札機で処理をするためには、すべての乗車券を磁気化する必要がある。他の会社と相互乗り入れをしている路線では、自社内の乗車券を磁気化したとしても、他社の乗車券が非磁気化であれば処理できない。そのため、他社の路線との接続が多い首都圏の鉄道では、自動改札機設置が困難だったのだ。

さらに、当時の国鉄が膨大《ぼうだい》な赤字を抱えていたことも、自動改札機の導入を遅らせる原因となった。民営化されてはじめて、実現可能となったのである。

＊　　＊

このように、鉄道の世界にも、人々の気質《きしつ》や歴史・文化によって「関西」と「関東」の違いが生まれています。紹介したエピソードには、現在もじっさいに見て体感できるものが多くあります。ぜひ一度、本書を片手に〝東西鉄道くらべの旅〟に出てみてはいかがでしょうか。

◉左記の文献等を参考にさせていただきました――

「日本の鉄道名所100を歩く」川島令三／「大阪あほ文化学」読売新聞大阪本社／「鉄道ひとつばなし」原武史／「さらばブルートレイン！昭和鉄道紀行」芦原伸／「線路を楽しむ鉄道学」今尾恵介（以上、講談社）／「鉄道検定」横見浩彦（河出書房新社）／「全国ユニーク鉄道雑学事典」川島令三／「地下鉄の本」PHP研究所編／（以上、PHP研究所）／「満員電車がなくなる日」阿部等（角川SSコミュニケーションズ）／「最新 歴史でひも解く鉄道の謎」櫻田純（東京書籍）／「入門 おとなの鉄道旅ドリル」種村直樹監修（ダイヤモンドビッグ社）／「鉄道珍名所三十六景 関西編」「鉄道雑学のススメ」「列島縦断もっとへんな駅!?」所澤秀樹／「鉄道の疑問がわかる本」二村高史・宮田幸治（以上、山海堂）／「ぐるり一周34・5キロJR山手線の謎」松本典久／「日本の鉄道なるほど事典」種村直樹（以上、実業之日本社）／「日本の鉄道雑学事典」南正時／「東京の地下鉄がわかる事典」青木栄一監修（以上、日本実業出版社）／「鉄道路なんでもおもしろ事典」浅井建爾／「最新鉄道利用術」「地下鉄の謎と不思議」谷川一巳／「新幹線『徹底追究』謎と不思議」梅原淳／「私鉄・車両の謎と不思議」広岡友紀／「暮らしのなかの左右学」小沢康甫／「消えた駅名」今尾恵介（以上、東京堂出版）／「図解雑学 日本の鉄道」西本裕隆（ナツメ社）／「通勤電車もの知り大百科」岩成政和／「地下鉄のヒミツ」「山手線のヒミツ」市原純ほか／「鉄道利用術」石田敦巳ほか／「よくわかる鉄道知識」伊藤久巳／「鉄道業界就職ガイドブック2010」（以上、イカロス出版）／「名鉄 名称列車の軌跡」徳田耕一／「東海道新幹線Ⅱ」須田寛／「私鉄史探訪60年」和久田康雄／「鉄道ライバル物語 関東VS関西」三好好三／「大手私鉄比較探見 西日本編」広岡友紀／「現役蒸気機関車のすべて」白川淳／「ブルートレイン栄光の半世紀」広田尚敬・梅原淳（以上、JTBパブリッシング）／「鉄道ものしり雑学」和田由紀夫監修 造事務所編（インデックス・コミュニケーションズ）／「鉄道雑学157」「鉄道雑学256」杉山淳一（以上、リイド社）／「JR・私鉄・運輸2010年度版」老川慶喜監修（産学社）／「日本の私鉄 なんでも読本」森彰英（日本能率協会マネジメントセンター）／「この駅名に問題あり」楠原佑介／「どや！大阪のおばちゃん学」前垣和義（以上、草思社）／「ボクの鉄道あれこれ学」ヒサクニヒコ（同文書院）／「新幹線が一番わかる」井上孝司（技術評論社）／「おもしろ鉄道雑学94」大門真一（日本文芸社）／「大阪環状線めぐり」読売新聞大阪本社社会部（東方出版）／「時刻表のヒミツ」三宅俊彦／「さらば栄光のブルートレイン」伊藤岳志（洋泉社）／「大阪「駅名」の謎」谷川彰英（以上、祥伝社）／「駅のはなし―明治から平成まで」交建設計・駅研グループ／「電車のはなし―誕生から最新技術まで」宮田道一・守谷之男（以上、成山堂書店）／「最新鉄道業界の動向とカラクリがよ～くわかる本」佐藤信之（秀和システム）／「時刻表を読みこなす」牛山隆信（メディアファクトリー）／「全国私鉄特急の旅」小川裕夫（平凡社）／

「鉄道のひみつ」川辺謙一（学研パブリッシング）／「モノレールと新交通システム」「地下鉄の歴史 首都圏・中部・近畿圏」佐藤信之（グランプリ出版）／「読んで楽しむ鉄道の本」所澤秀樹（KKベストセラーズ）／「私鉄探検」近藤正高（ソフトバンククリエイティブ）／「大手私鉄の知恵とチカラ」森彰英（交通新聞社）／「都市交通年報2010」（運輸政策研究機構）／「週刊東洋経済 臨時増刊 鉄道完全解明」（東洋経済新報社）／「鉄道浪漫」（イカロス出版）／「大人の鉄道旅行」（JTBパブリッシング）／「和（Nagomi）」（和歌山県）／朝日新聞／読売新聞／産経新聞／毎日新聞／中日新聞／中日スポーツ／日本経済新聞／四国新聞／山形新聞／神戸新聞／大阪日日新聞／京橋経済新聞／夕刊フジ

【ホームページ】
AFP通信／旅の玉手箱／中日ドラゴンズ／名古屋市交通局／鉄道友の会／日光鱒鮨本舗／あら竹本店／オムロン／マクロミル／村上豊八商店／スルッとKANSAI／トレたび／iタウンページ／Railway Enjoy Net ／マイコミジャーナル／鉄道コム／交通科学博物館／男の隠れ家／関西電力／国土交通省／タウンニュース／泉州ニュース／JR西日本／JR東日本／JR東海／名古屋ガイドウェイバス／和歌山電鐵／広島電車カンパニー／京成電鉄／京福電鉄／東急電鉄／小田急電鉄／京王電鉄／阪堺電気軌道／京阪電車／東武鉄道／大阪市交通局／大阪モノレール／東京モノレール／JR西日本フードサービスネット

鉄道マーク一覧

さて、あなたはいくつ、わかりましたか?

P.23  JR 103系	P.20  JR E259系 NEX	P.18  JR E233系	P.16  JR E231系	P.14  JR N700系 新幹線
P.36  JR 200系 新幹線	P.33  営団 01系	P.31  JR キハ75形	P.29  JR 183系	P.26  京成 新AE スカイライナー
P.49  JR E2系 新幹線	P.47  営団 02系	P.44  近鉄 21020系	P.42  南海 2000系	P.40  阪神 5000系
P.61  JR N700系 新幹線	P.59  JR 500系 新幹線	P.56  JR 103系	P.54  阪急 5000系	P.52  京阪 8000系
P.78  JR キハ 189系	P.76  JR 923系 ドクターイエロー	P.74  JR 103系	P.72  東急 8000系	P.70  JR E233系